Tobias Duwe

Mit den Augen eines Malers

50 Jahre Deutsche Marine in Kiel
70 Jahre Marine-Ehrenmal in Laboe
Ölbilder und Texte zum Doppeljubiläum

Dieter Hartwig und Michael Legband (Texte),
Jens Hinrichsen (Fotos und Reproduktionen)

CONVENT

Wir danken folgenden Firmen und Institutionen für Ihre Unterstützung:

Der Ministerpräsident des Landes Schleswig-Holstein
Personalamt der Bundeswehr, Köln
Deutscher Marinebund e.V., Wilhelmshaven
Color Line GmbH, Kiel
Lindenau GmbH, Schiffswerft und Maschinenfabrik, Kiel
Deutsches Marinemuseum, Wilhelmshaven

© 2006, Convent Verlag GmbH, Hamburg
Umschlaggestaltung: X-six agency GmbH, Hamburg
Satz und Lithos: KCS GmbH, Buchholz bei Hamburg
Druck und Bindung: Druckerei zu Altenburg GmbH, Altenburg
ISBN 3-934613-99-3

www.convent-verlag.de

Inhalt

Vorwort des Inspekteurs der Marine 4

Vorwort des Präsidenten des Deutschen Marinebundes e.V. 5

Michael Legband:
Tobias Duwe und die malerische Tabuzone Marine 6

Tobias Duwe:
Ich bin Positivist mit Pinsel und Farbe 10

Gemäldegalerie
Tobias Duwe und die Marine 11

Michael Legband:
Kiel und die Marine – die Geschichte des Marinestützpunktes Kiel 33

Dieter Hartwig:
Das Marine-Ehrenmal in Laboe – eine nationale Gedenkstätte im Wandel 41

Tobias Duwe:
Die Düsternis der Gedenkhalle 51

Michael Legband:
„Das Marine-Ehrenmal soll mahnen!" 54

Gemäldegalerie
Tobias Duwe und das Marine-Ehrenmal in Laboe 55

Tobias Duwe – Familäres Malen 66

Danksagung 66

Vorwort des Inspekteurs der Marine

Liebe Leserin, lieber Leser!

Der Maler Tobias Duwe war während seiner Arbeit im Kieler Marinestützpunkt eine Attraktion für Journalisten und Schiffsbesatzungen aus aller Welt. Er begleitete den internationalen Flottenaufmarsch während der Kieler Woche 2005 und gehört zu den wenigen anerkannten bildenden Künstlern, die die Marine aus der künstlerischen Tabuzone herausholen. Besonders im Jubiläumsjahr „50 Jahre Marine in der Bundesrepublik Deutschland" ein Wert an sich. Für diese künstlerische Begleitung danke ich ausdrücklich.

Das Motto im Jubiläumsjahr heißt „Für Frieden und Freiheit und Recht". Das passt ausgezeichnet zum Kapitel des Historikers und Fregattenkapitäns a.D. Dr. Dieter Hartwig. Er macht deutlich, dass die nationale Gedenkstätte sich einem steten Wandel zu unterwerfen hat. Die Deutsche Marine bekennt sich zu diesem Mahnmal. Werden wir alle in Laboe doch an die Ernsthaftigkeit unseres Berufes erinnert.

Nicht nur für dieses aktuelle Projekt bedankt sich die Deutsche Marine bei dem Initiator von „Mit den Augen eines Malers." Michael Legband hat sich als Autor von „Segel & Leinwand" sowie „Kiel in Sicht" eindrucksvoll mit der Deutschen Marine auseinandergesetzt und immer wieder Künstler an die Marine herangeführt. Kenntnisreich hat er die Geschichte des Kieler Marinestützpunktes zusammengefasst.

Wolfgang Nolting
Vize-Admiral
Inspekteur der Marine

Vorwort des Präsidenten des Deutschen Marinebundes e.V.

Liebe Leserin, lieber Leser!

Dieses Buch ist ein Geschenk im vielfachen Sinne. Als Präsident des Deutschen Marinebundes danke ich dem Künstler Tobias Duwe, der sich – wie er sagt – der „schweren Kost" nicht entzogen hat, sondern sich malerisch und inhaltlich mit dem Marine-Ehrenmal auseinandergesetzt hat. Das Ergebnis: wunderbare Bilder eines modernen, zeitgenössischen Künstlers. Dank für die stimmungsvollen Werke und Dank für die Botschaft, die dahinter steht: Das Ehrenmal soll mahnen!

Dank gebührt auch Dr. Dieter Hartwig. Der langjährige beratende Historiker beim DMB macht deutlich: Das Ehrenmal war und ist einem steten Wandel unterworfen. Dies muss auch so bleiben. Auch dieses Kapitel ist ein Geschenk und sozusagen der historisch-wissenschaftlich fundierte Auftrag zur ständigen Auseinandersetzung mit Geschichte und Wirklichkeit.

Dem Journalisten und Autor Michael Legband spreche ich in diesem Vorwort Anerkennung für seine erfolgreiche Initiative zu diesem Projekt aus. Beharrlichkeit in der Umsetzung und Können als Fachautor sowie vor allen Dingen eine ganz gehörige maritime Schlagseite charakterisieren Legband. Unterstützung fand das Projekt durch den Kieler Fotografen Jens Hinrichsen, dessen Fotos eine Reihe von maritimen Werken prägen. – Wie gesagt: ein vielfaches Geschenk!

Karl Heid
Präsident des
Deutschen Marinebundes e.V.

Michael Legband
Tobias Duwe und die malerische Tabuzone Marine

Tobias Duwe

Tobias Duwe war durchaus eine Attraktion im Kieler Marinestützpunkt. Zeitweise kam es zu Volksaufläufen rund um die Malstaffelei, und Journalisten und Fernsehteams aus aller Welt richteten die Objektive auf ihn. Nach 1999 und 2002 hatte es den Künstler im Sommer 2005 erneut zur Marine gezogen. Die gesamte Kieler Woche musterte Duwe das bunte Treiben rund um den internationalen Flottenaufmarsch im Kieler Marinestützpunkt inklusive Gästefahrt mit dem Inspekteur und dem Präsidenten des Deutschen Marinebundes.

Besonders begeistert war der Pressesprecher der Deutschen Marine, Peter Krüger, den die ungeheure Disziplin des Malers nachhaltig beeindruckte. Mal stand Duwe bereits bei Sonnenaufgang mit seinem Malgerät im Stützpunkt, wobei der Fregattenkapitän erst wenige Stunden zuvor Zeuge beim Entstehen eines Nachtbildes geworden war. „Jede Tageszeit hat ihr besonderes Licht", begründet Duwe seine unermüdliche Präsenz. Auf Einladung des damaligen Marine-Inspekteurs Lutz Feldt und auf Initiative des Deutschen Marinebundes war der 45-jährige Künstler aus Großensee zu Gast auf der Kieler Woche. Der zu den renommierten Norddeutschen Realisten zäh-

Ungewohnt: Malen unter verschärften Sicherheitsbedingungen.

lende Pleinair-Maler hat etwas über eine Woche lang möglichst viele der über dreißig Marineschiffe aus 16 Nationen im Stützpunkt Kiel-Wik auf die Leinwand gebannt.

Duwe gehört zu einer kleinen Schar von realistischen Malern, die sich zwar am Sichtbaren orientieren, aber nicht kopieren und auch nicht beliebig verfremden. In Zeiten einer starken Dominanz von Foto, Video und Computerkunst wurden hier an der Kieler Förde noch „richtige" Bilder gemalt: Tafelbilder, Ölbilder; expressiv im Duktus und zugleich impressiv für das eigene Erkennen. Die im bunten Treiben des Stützpunktes entstandenen Werke sind Produkte einer sehr individuellen subjektiven Wahrnehmung, eines ganz eigenwillig geschulten Blicks. Das Äußerliche wird von Tobias Duwe begierig verinnerlicht, es wird auf seine Besonderheiten, seine Verformbarkeit von den Augen abgetastet und in veränderter Form als Bild wieder entäußert.

Duwe erfasst in einer blitzschnellen Verinnerlichung zielsicher jene Elemente, die Auskunft geben über das Wesen eines Gegenstandes oder einer Szenerie. Der Ausschnitt, den er thematisiert, steht immer für das Ganze.

Tobias Duwe reizt es nicht, in einem Atelier fernab des Geschehens zu arbeiten. Gemalt werden soll unter den realen Bedingungen rund um das Motiv. Die so vor Ort entstehenden Bilder sind von einer authentischen Atmosphäre geprägt. Sie wirken stärker als reine Atelier-Arbeiten. Der Betrachter sieht und erspürt die äußeren Bedingungen, wenn auch vielleicht nur unbewusst. Das Malen vor Ort bedeutet Improvisieren, Agieren, Reagieren und sich immer wieder Fragen der Umgebung zu stellen.

Tobias Duwes Hauptaugenmerk gilt dem Licht, mit dessen Wirkung er den Formenreichtum, den er wahrnimmt, vermittelt. Schiffe heben sich dramatisch von ihrer Umgebung ab, indem sie vom Sonnenlicht überflutet, durch intensiven Kontrast zu ihren Schattenzonen dargestellt werden. Seine Ansichten leben von diesem inszenierten Licht, das von Bühnenbeleuchtungen geholt sein könnte. Viele Bilder von Duwe haben eine ausgewählte Tageszeit

„Britische Präsenz" entsteht.

zum Thema, die seine Motive in dem Ausdruck seiner gewählten Stimmung unterstützt. „Das Thema Marine stellt schon viele Sehgewohnheiten und Arbeitsmechanismen in Frage", fasst Duwe die handwerkliche Herausforderung durch die „grauen Pötte" zusammen. Die Werkzeuge der optischen Wahrnehmung und auch die des malerischen Umsetzens mussten ständig neu geordnet werden. Ein Vorgang, dem Duwe große Bedeutung beimisst: „Bei der Malerei darf es nicht zur Routine kommen, statt dessen ist ein immerwährendes Neuorientieren erforderlich", beschrieb Duwe seine Gedanken gleich zu Beginn des Malens der internationalen Flotte.

Die Mal-Zeit in Kiel-Wik ist für den Freilichtmaler „eine Welt zwischen Landschaft und Technik". Als Realist interessiere er sich für alle Lebensbereiche der aktuellen Welt. Und auf die Frage, ob er Kritik befürchte, weil er Kriegsschiffe als Modelle ausgewählt habe, kommt diese Antwort: „Es ist auffallend, dass das Militär sich grundsätzlich in einer künstlerischen Tabuzone befindet", analysiert Duwe und ergänzt: „Allein dies reizt mich schon zur malerischen Auseinandersetzung mit den Kriegsschiffen."

Der Künstler als Medienereignis.

Und so hat Tobias Duwe bis zum Ende der Kieler Woche mit seiner Staffelei das Treiben im Marinestützpunkt künstlerisch begleitet. Befand sich an Bord eines russischen Lenkwaffenzerstörers, wo er mit Argusaugen und Maschinenpistole im Anschlag bewacht wurde, als er den Bordhubschrauber auf seine Leinwand brachte oder nahm an der Gästefahrt des Marine-Inspekteurs teil, wo die bunte Gesellschaft genauso farbenfroh gemalt wurde. Kleine Geschichte am Rande: Oberbürgermeister a.D. Norbert Gansel, Freund der Familie Duwe, ließ es sich nicht nehmen, den Künstler bei der Arbeit zu fotografieren. Umhüllt von Natodraht und immer im Auge der amerikanischen Scharfschützen wurden die stählernen Repräsentanten der US-Flotte gemalt. Und immer wieder Diskussionen mit den internationalen Besatzungen, wann der Künstler denn nun auf ihrem Schiff malen werde. Beim Erstellen von Nachtbildern musste sich Duwe immer wieder auf

Malen zwischen Kriegsschiffen und Natodraht.

Duwes Hauptaugenmerk gilt dem Licht.

die gleiche Situation einstellen. Irgendwann in der Nacht tummelten sich schnell bis zu dreißig nicht immer ganz nüchterne Matrosen, Unteroffiziere und Offiziere um seine Staffelei. Da wurde schon mal im Malkasten gespielt und die Farbtuben ausgedrückt, als sei es Zahnpasta. – Aber das gehört zur Vor-Ort-Malerei eben dazu.

Bereits 1999 setzte sich Tobias Duwe mit der Marine auseinander. Ein Jahr begleitete er im Rahmen des Projektes „Segel & Leinwand" zusammen mit zehn Norddeutschen Realisten das Segelschulschiff „Gorch Fock" künstlerisch. Wenig später portraitierte Duwe für das Vorhaben „Kiel in Sicht" zwei Jahre die Landeshauptstadt Kiel und natürlich jede Menge Schiffe – zivile wie militärische.

Palette und Pinsel.

Tobias Duwe
Ich bin Positivist mit Pinsel und Farbe

Sicherheitsbemühungen lösten Anspannung aus.

Tobias Duwe mit dem ehemaligen Inspekteur der Marine Lutz Feldt.

Mir war die Atmosphäre im Kieler Marinestützpunkt ja noch von „Gorch Fock"-Zeiten gut bekannt. Auch 2002 zur Kieler Woche habe ich im Stützpunkt einige Bilder gemalt. Mit anderen Worten: Die Schwellenangst sich als Nicht-Militär unter Uniformträgern zu bewegen, war 2005 nicht mehr sonderlich ausgeprägt. So gut bewacht, wie für dieses Projekt, habe ich jedoch noch nie gemalt: Hinter mir der äußerst stachlige Natodraht. Über mir US-Scharfschützen, die weder mich noch mein Malzeug aus den Augen ließen. Und näherte ich mich den US-Einheiten zur Motivsuche, wurde ich von furchterregenden deutschen Marinesicherheitskräften kontrolliert, inklusive Leibesvisitation. Ein Szenario, das mir auf der einen Seite die besondere Situation der US-Streitkräfte spürbar werden ließ. Auf der anderen Seite übertrug sich diese Anspannung trotz allen bunten Treibens im Stützpunkt während der Kieler Woche auch auf mich.

Unabhängig von diesen äußeren Einflüssen, machte ich mich an die Arbeit und stellte mich der Herausforderung, die Marine mit meinen malerischen Mitteln – also Pinsel und Farbe – zu untersuchen. Zunächst sollte es eine Gesamtsicht werden. Ich wollte mir so eine Art Überblick von der Situation verschaffen und malte erst einmal ein Panoramabild mit möglichst vielen schwimmenden Einheiten. Danach kam die Detailarbeit. Ich kämpfte mich sozusagen von Schiff zu Schiff durch den Stützpunkt. Dabei ließ ich mich von so schnöden praktischen Zwängen wie dem Auslaufplan leiten. Im Übrigen war es spannend zu erfahren, dass nahezu auf jedem Schiff eine andere Stimmung vorherrschte.

Zu meiner Herangehensweise: Ich versuche die inhaltliche Interpretation meiner Arbeit in den Hintergrund zu rücken. Als Maler habe ich gelernt, den Worten zu misstrauen. In Begriffen und Symbolen werden oft ganze Sinnzusammenhänge zusammengedrängt. Häufig steht Meinung vor Information. Beim Malen funktioniert das anders; die Atmosphäre ist Schlüssel für alles. Ich versuche, ihr Raum zu geben auf meinem Rechteck, das dann für fünf Stunden mein Lebensausschnitt ist. Dann wird der Gegenstand Farbklang, Maße und Zeichnung. Am Ende stelle ich erstaunt fest, dass wirklich nicht ein Schiff wie das andere ist, sondern der „graue Pott" zum Individuum geworden ist; einzigartig! Die Vor-Ort-Malerei geschieht jetzt und hier. Darin besteht für mich malerischer Positivismus.

Während mich die Repräsentanten der westlichen Führungsmacht durch Scharfschützen beobachten ließen und die Russen befürchteten, ich könne irgendwas mit ihrem Fluggerät anstellen, setzten sich unsere eigenen Marinesoldaten und die der Verbündeten ganz anders ins Licht. Die Deutsche Marine – vertreten durch ihre Pressestelle unter Fregattenkapitän Peter Krüger – hatte stets jemanden abgestellt, der mich bei großer Hitze mit Trinkwasser versorgte, und die immer wiederkehrende Aufforderung „Wann malen Sie unser Schiff?" setzte mich schon unter einen gewissen Leistungsdruck…

Der setzte sich fort, als ich vom Marineinspekteur zur Gästefahrt mit an Bord gebeten wurde. Von diesem gesellschaftlichen Ereignis bekam ich aber gar nicht so fürchterlich viel mit. Auf meinem Rechteck (40 x 50 cm) wurden die Ehrengäste von Vizeadmiral Lutz Feldt bald zu sich ständig bewegenden Farbtupfern, die es galt in eine sinnvolle Form zu bringen.

Fazit: Die Welt der Marine hat mich mal wieder in ihren Bann gezogen. Die Frage nach dem Sinn, sie auf der Leinwand festzuhalten, hat sich mir gar nicht gestellt. Wer hingeht und sich unvoreingenommen einlässt, wird immer inspiriert sein und sich der maritimen Ausstrahlung nicht entziehen können.

Gemäldegalerie
Tobias Duwe und die Marine

„SAR", 2005, 36 x 49 cm, Öl auf Hartfaser

„Marinestützpunkt", 2005, 80 x 100 cm, Öl auf Leinwand

„Open Ship I", 2005, 36 x 49 cm, Öl auf Leinwand

„Im Stützpunkt", 2005, 50 x 70 cm, Öl auf Leinwand

„Russische Präsenz I", 2005, 70 x 50 cm, Öl auf Leinwand

„Russische Matrosen", 2005, 27 x 36 cm, Öl auf Hartfaser

„Russische Posten", 2005, 30 x 40 cm, Öl auf Leinwand

„Antreten", 2005, 36 x 45 cm, Öl auf Hartfaser

„Russische Präsenz II", 2005, 60 x 70 cm, Öl auf Leinwand

„Russischer Bordhubschrauber", 2005, 40 x 50 cm, Öl auf Leinwand

„Holtenauer Flugtag", 2005, 31 x 40 cm, Öl auf Hartfaser

„Kanadischer Bordhubschrauber", 2005, 40 x 50 cm, Öl auf Leinwand

„Frankfurt an der Pier", 2005, 80 x 60 cm, Öl auf Leinwand

„Entsorgung", 2005, 52 x 40 cm, Öl auf Hartfaser

„Niederländische Präsenz", 2005, 60 x 80 cm, Öl auf Leinwand

„Britische Präsenz", 2005, 60 x 80 cm, Öl auf Leinwand

„Abendstimmung I", 2005, 30 x 40 cm, Öl auf Leinwand

„Abendstimmung II", 2005, 50 x 70 cm, Öl auf Leinwand

„Abendstimmung III", 2005, 27 x 36 cm, Öl auf Hartfaser

„Flaggschiff HAMBURG", 2005, 80 x 100 cm, Öl auf Leinwand

„Hubschrauberparade", 2005, 50 x 70 cm, Öl auf Leinwand

„Open Ship, Kieler Woche 2005", 2005, 27 x 36 cm, Öl auf Hartfaser

„Irlands Cocktailparty", 2005, 27 x 36 cm, Öl auf Hartfaser

„Leinen los", 2005, 40 x 50 cm, Öl auf Leinwand

„Marinemusikkorps", 2005, 36 x 49 cm, Öl auf Hartfaser

„Auf der Brücke", 2005, 27 x 36 cm, Öl auf Hartfaser

„Regattabegleitfahrt von Admiral Feldt", 2005, 40 x 50 cm, Öl auf Leinwand

„Segelwettkampf", 2005, 27 x 36 cm, Öl auf Hartfaser

„Marinekutter", 2005, 36 x 70 cm, Öl auf Leinwand

„Spaniens Stolz", 2005, 80 x 60 cm, Öl auf Leinwand

Michael Legband
Kiel und die Marine – die Geschichte des Marinestützpunktes Kiel

Gerade rechtzeitig zu den Jubiläumsfeierlichkeiten „50 Jahre Marine in der Bundesrepublik Deutschland" haben wieder eine große Anzahl von Einheiten im Marinestützpunkt Kiel-Wik festgemacht. Dabei war vor noch gar nicht langer Zeit sogar die vollständige Schließung dieses traditionsreichen Standortes vorstellbar. Kiel gehört zu den Gewinnern der Neustrukturierung der Deutschen Marine. Dazu später mehr.

Seit mehr als 150 Jahren dient Kiel als Heimathafen deutscher Kriegsschiffe. Bereits während der Schleswig-holsteinischen Erhebung gegen Dänemark von 1848 bis 1852 hatte die Stadt eine bedeutende Rolle als Stützpunkt der „Schleswig-Holsteinischen Flottille" gespielt.

Nach dem deutsch-dänischen Krieg von 1864 hatte Dänemark Schleswig und Holstein an Österreich und Preußen abtreten müssen, das die beiden Herzogtümer nach dem Sieg über Österreich Anfang 1867 annektierte und als Provinz Schleswig-Holstein in das Königreich Preußen eingliederte. Bereits 1865 hatten die Preußen die preußische Marinestation von Danzig nach Kiel verlegt, und nach der Gründung des Deutschen Reichs im Jahre 1871 wurde die Fördestadt Reichskriegshafen.

Der Marine folgten die Werften, und den Werften folgten die Arbeiter. Innerhalb von nur 30 Jahren wurde aus dem verträumten Provinznest Kiel eine Großstadt: Hatten hier 1865 lediglich rund 5000 Menschen gelebt, betrug die Einwohnerzahl um die Jahrhundertwende bereits über 100.000 und wuchs bis 1918 auf 300.000. Schon bald war die Fördestadt der bedeutendste Marinestandort des jungen Kaiserreichs. Durch den Bau des „Kaiser-Wilhelm-Kanals", des heutigen „Nord-Ostsee-Kanals", von 1887 bis 1895 wurde der Stellenwert Kiels als Marinestadt noch weiter gesteigert. Zugleich begann man, die Förde mit einer Reihe von Befestigungsanlagen und Küstenbatterien zu sichern, so dass der Kieler Hafen zu Beginn des 20. Jahrhunderts einer gewaltigen Festung glich.

Die Marine prägte nicht nur das Bild der Stadt Kiel, sondern auch das gesellschaftliche Leben. Jährlicher Höhepunkt war die Kieler Woche, zu der nicht nur zahlreiche Yachten aus dem In- und Ausland, sondern auch ausländische Kriegsschiffe den Kieler Hafen bevölkerten. 1882 hatte die Geburtsstunde der Kieler Woche geschlagen, als der Norddeutsche Regatta-Verein zum ersten Mal Segelwettfahrten auf der Kieler Förde veranstaltete. Die Kaiserliche Marine verhalf der Festwoche schon bald zu hohem sportlichen und gesellschaftlichen Rang. Auch Kaiser Wilhelm II. besuchte regelmäßig die Kieler Woche.

Massive Aufrüstung unter Kaiser Wilhelm II. führte zur Beschränkung der zivilen Hafennutzung.

Mit dem Matrosenaufstand in Kiel wurde das Ende der Monarchie in Deutschland eingeleitet. Es folgte die Weimarer Republik.

Ungeachtet der großen Bedeutung der Kaiserlichen Marine für das ökonomische Wohl der Stadt Kiel war das Verhältnis zwischen Stadtregierung und Marine nicht ungetrübt. Vor allem die Frage der zivilen Nutzung des Hafens sorgte immer wieder für Konflikte. Bereits 1869 hatte der Kieler Magistrat erklärt, der „Hafen nebst seinen Vorstränden gehört zum Weichbilde der Stadt Kiel. Derselbe ist wie fast alle Häfen der Herzogtümer ein Kommunalhafen und steht in dieser seiner Eigenschaft unter der Verwaltung und dem zweckentsprechender Verfügung der städtischen Behörden." Die Marine dagegen wies diesen Anspruch der Stadt Kiel rigoros zurück. Obgleich mit dem Reichskriegshafengesetz von 1883 und durch weitere gesetzliche Regelungen die Rahmenbedingungen für die militärische und zivile Nutzung des Kieler Hafens festgelegt worden waren, wurde im Zweifelsfall meist den Interessen der Marine der Vorzug gegeben und die zivile Nutzung des Hafens immer mehr beschränkt. Ihren Höhepunkt fanden diese Auseinandersetzungen in den Jahren von 1901 bis 1904 im berühmten „Wiker Hafenprozess". Nachdem die Stadt Kiel den Prozess um die Hafennutzungsrechte 1902 vor dem Landgericht gewonnen hatte, verlor sie in der zweiten Instanz vor dem Kieler Oberlandesgericht. Wegen des Kostenrisikos verzichtete Kiel auf eine Revision, die ohnehin wenig Erfolg versprach, und so blieben die wichtigsten Bereiche des Kieler Hafens unter der Hoheit der Marine.

Revolution, Nationalsozialismus und Zweiter Weltkrieg

Im November 1918 begann in Kiel mit dem Matrosenaufstand die Revolution, die erst mit dem Sturz der Monarchie und der Gründung der Weimarer Republik endete. Kiel litt schwer unter den Folgen des verlorenen Kriegs, dem Zusammenbruch der Wirtschaft und dem Abbau der Marine. Durch die einseitige Abhängigkeit von der Marine und die starke Beschränkung der zivilen Hafennutzung hatte Kiel den Anschluss an die Entwicklung der übrigen Ostseehäfen verloren, wovon sich der Kieler Hafen nie erholte.

Erst unter dem nationalsozialistischen Regime schien es wieder aufwärts zu gehen: Erneut wurde aufgerüstet, und Kiel wurde wieder Reichskriegshafen. Abermals wurde die zivile Nutzung des Hafens zugunsten der Marine eingeschränkt, doch auch ein weiterer Prozess um die Hafennutzungsrechte wurde 1934 zugunsten der Marine entschieden.

Die massive Wiederaufrüstung hatte zur Folge, dass Marine, Heer und die neue Luftwaffe die Provinz Schleswig-Holstein wirtschaftlich und gesellschaftlich sogar noch stärker als im Kaiserreich prägten. Doch den kurzen Aufschwung musste die Fördestadt teuer bezahlen. Im Zweiten Weltkrieg war Kiel Hauptangriffsziel der alliierten Bomber, die in über 90 Bombenangriffen drei Viertel der Stadt in Schutt und Asche legten. Nach dem Kriegsende 1945 wurde Kiel von den Briten besetzt, die die Fördestadt 1946 zur Hauptstadt des neu gegründeten Landes Schleswig-Holstein machten.

Mit der Niederlage des Deutschen Reichs schien die Geschichte Kiels als Marinestandort beendet zu sein. Doch ungeachtet der Zerstörungen begann sich

Noch Jahre nach Kriegsende waren die Folgen in der Kieler Förde sichtbar: Hier ein Schiffswrack in unmittelbarer Nähe zur Seebadeanstalt Bellevue.

in der Fördestadt schon bald wieder das maritime Leben zu regen. Bereits im September 1945 nahm die britische Besatzungsmacht mit der ersten „Kiel Week" die Tradition der „Kieler Woche" wieder auf.

Den Anfang der allmählichen Rückkehr Deutschlands auf die Weltmeere machte der Minenräumdienst deutscher Seeleute unter alliiertem Kommando. 1951 folgte die Gründung des Bundesgrenzschutz See" als westdeutsches Gegengewicht zur Seepolizei der Deutschen Demokratischen Republik. Die Gründung zweier deutscher Staaten 1949 war die direkte Folge des Zerfalls der Siegerkoalition nach dem Ende des Zweiten Weltkriegs gewesen. Aus den drei westlichen Besatzungszonen war die Bundesrepublik Deutschland geworden, während die Sowjetunion in ihrer Besatzungszone die Deutsche Demokratische Republik etabliert hatte. Von Anfang an waren beide deutsche Staaten in den Ost-West-Konflikt eingebunden und bereiteten bald auch den Aufbau eigener Streitkräfte vor.

Kiel als Standort der Bundesmarine

Im Jahre 1955 wurde die junge Bundesrepublik Mitglied der NATO. Angesichts der wachsenden Bedrohung durch den sowjetisch dominierten kommunistischen Machtbereich in Osteuropa hatten sich 1949 Belgien, Dänemark, Frankreich, Großbritannien, Island, Italien, Kanada, Luxemburg, die Niederlande, Norwegen, Portugal und die Vereinigten Staaten von Amerika zu einem Verteidigungsbündnis, der „North Atlantic Treaty Organisation", kurz NATO, zusammen geschlossen.

Parallel zum NATO-Beitritt begann die Bundesrepublik auch offiziell mit der Aufstellung eigener Streitkräfte. Am 12. November 1955 erhielten die ersten Freiwilligen der neuen Bundeswehr ihre Ernennungsurkunden überreicht. Gleichzeitig erfolgte der Aufbau der drei Teilstreitkräfte Heer, Luftwaffe und Marine. Eine wichtige Keimzelle der Bundeswehr war der Bundesgrenzschutz, wobei der Seegrenzschutz sogar mit allen Schiffseinheiten, Beamten und technischen Einrichtungen in die neue Bundesmarine überführt wurde. Weil diese innerhalb der NATO für die Verteidigung der Ostseezugänge zuständig war, benötigte sie geeignete Stützpunkte. Das hatte zur Folge, dass viele ehemalige Liegenschaften der Kriegsmarine erneut genutzt wurden.

Auch Kiel wurde nun wieder Marinestandort. Vor allem der für Schiffe aller Größen geeignete Tiefwasserhafen und die geographische Nähe zu ihren Einsatzgebieten veranlassten die Bundesmarine, in Kiel wieder einen Stützpunkt zu errichten.

Obgleich große Teile der Hafen- und Kasernenanlagen während des Krieges zerstört oder beschädigt wurden, gab es noch genügend intakte Infrastruktur, um mit dem Aufbau des Marinestützpunktes zu beginnen. Den Anfang machten die Vorausabteilungen der Wehrbereichsverwaltung und des Wehrbereichskommandos, die im Januar 1956 in Kiel den Dienst aufnahmen. Am 18. März 1956 wurden die ersten drei Schnellboote in Kiel stationiert und mit dem „Aufstellungsbefehl Nr. 16 (Marine)" vom 23. April 1956 wurde das Marinestützpunktkommando Kiel eingerichtet. Dessen Aufgaben waren laut Befehl „Aufbau und Führung des Stützpunktes mit Liegeplätzen, allen schwimmenden, ortsfesten und fahrbaren Versorgungs- und Reparaturanlagen; Versorgung aller zum Stützpunktbereich gehörenden Kommandos und Einrichtungen und aller Kiel anlaufenden Seefahrzeuge und Einheiten der Marine". Das Personal des Marinestützpunktkommandos Kiel bestand zunächst nur aus dem Korvettenkapitän Woidneck und dem Stabsbootsmann Brodersen, die ihren Dienstsitz in einem ehemaligen Gebäude der Kriegsmarine in der Feldstraße hatten.

Anfang Juli 1956 nahm der Stab des Marinestütz-

Das Segelschulschiff „Gorch Fock" 1958 an seinem ersten Liegeplatz nahe der Blücherbrücke.

punktkommandos in der 1937 errichteten, ehemaligen Kasernenanlage der Kriegsmarine in Kiel-Wik seinen Dienst auf, die nach dem Krieg zunächst der britischen Besatzungsmacht als Kaserne gedient hatte. Hier wurden zudem das Marinewaffenkommando, eine Abteilung des Marineamtes, das Schiffserprobungskommando, die Zerstörerflottille, die Ubootflottille, die Marineschifffahrtsleitstelle, das 1. Versorgungsgeschwader sowie zahlreiche weitere, kleinere Dienststellen untergebracht. Darüber hinaus wurden im Laufe der Zeit auf dem Kasernengelände in Kiel-Wik eine große Anzahl von Baracken, Feldhallen und Feldhäusern als Dienst- und Unterkunftsgebäude errichtet. Erst nach der Renovierung der alten Kasernenblöcke und dem Bau neuer Kasernengebäude wurden diese provisorischen Bauten nach und nach wieder abgerissen. Zugleich übernahm die Bundesmarine auch den Nordwestteil des Tirpitzhafens, dessen Südteil noch von der Royal Navy genutzt wurde. Nach dem Krieg hatte der Tirpitzhafen der britischen Besatzungsmacht und ab 1951 auch der 3. und 4. Wachbootflottille des Bundesgrenzschutzes als Liegeplatz gedient. Die für den Hafenbetrieb notwendigen Boote und Fahrzeuge wurden aus Beständen des Seegrenzschutzes in die Bundesmarine übernommen. Vom übrigen Material stammte vieles aus den Beständen der ehemaligen Kriegs- und sogar der Reichsmarine. Darunter waren Signalflaggen und Trossen ebenso wie Mobiliar und Küchengeschirr. Im Tirpitzhafen versah auch die Marineversorgungsstelle B ihren Dienst.

Dem Kommandeur des Marinestützpunktkommandos Kiel war auch das im Juli 1956 in Neustadt/Holstein aufgestellte, aus zehn ehemaligen Kriegsfischkuttern und vier Hafenschutzbooten des Bundesgrenzschutzes bestehende 1. Hafenschutzgeschwader sowie die Außenstelle Eckernförde mitsamt dem neu erbauten „Kranzfelder Hafen" unterstellt. Ebenso war dem Marinestützpunktkommando das aus zehn Schulbooten bestehenden Schulgeschwader Ostsee zugeordnet, das jedoch im September 1956 dem Kommando der Marine-Ausbildung, dem heutigen Marineamt, unterstellt wurde.

Von Beginn an waren die Streitkräfte der Bundesrepublik fest in die Bündnisstruktur der NATO eingebunden. Aus den Kriegsgegnern USA, Frankreich und Großbritannien waren Verbündete geworden. Rasch begann sich das Verhältnis zu den ehemaligen Besatzungsmächten zu normalisieren. Schon bald gehörten Besuche ausländischer Kriegsschiffe wieder zum Alltag in Kiel. Als erstes ausländisches Kriegsschiff machte am 19. Oktober 1956 der britische Kreuzer „Glasgow" zu einem Besuch an der Tirpitzmole fest. Die „Glasgow" war das Flaggschiff von Konteradmiral Luce, der gemeinsam mit dem Kommandanten des Kreuzers, Kapitän Bonharn-Carter, unter anderem dem Ministerpräsidenten und der Stadt Kiel Besuche abstattete.

In den folgenden Jahren wurde Kiel zum Heimathafen des 1. und 3. Zerstörergeschwaders, des 1. Ubootgeschwaders, des 3. Minensuchgeschwaders, des 7. Schnellbootgeschwaders und Teilen des 1. Versorgungsgeschwaders sowie des Segelschulschiffs „Gorch Fock", während das Marinefliegergeschwader 5 den Fliegerhorst in Holtenau übernahm.

In den 1960er Jahren war Kiel mit rund 9000 Soldaten und 2000 Zivilangestellten bereits wieder der

Als erstes ausländisches Kriegsschiff machte 1956 der britische Kreuzer „Glasgow" zu einem Besuch an der Tirpitzmole fest. Von Beginn an waren die neuen Streitkräfte der Bundesrepublik fest in die Bündnisstrukturen der NATO eingebunden.

Der Tender „Main" lief als erster Kieler Kriegsschiffneubau 15 Jahre nach Ende des Zweiten Weltkriegs vom Stapel.

größte Stützpunkt der Marine an der Ostsee. Doch verlor die Fördestadt seit Mitte des Jahrzehnts allmählich an Bedeutung als Marinestandort. Bereits 1966 hatte man die Inspektion der Marinewaffen und die Inspektion der Schiffstechnik nach Wilhelmshaven verlagert; 1969 wurde zudem das 3. Minensuchgeschwader in den neuen, an der Schleimündung gelegenen Stützpunkt Olpenitz und 1975 die Ubootflottille nach Eckernförde verlegt. Nur das 7. Schnellbootgeschwader und das 1. und 3. Zerstörergeschwader blieben in Kiel stationiert. 1981 wurde das 3. Zerstörergeschwader aufgelöst und mit der Außerdienststellung des Lenkwaffenzerstörers „Lütjens" im Jahre 2003 endete auch die Geschichte der Zerstörer in Kiel.

Kiel und die Marine - ein schwieriges Verhältnis

Wie schon zur Zeit des Kaisers verband die Stadt Kiel und die Bundesmarine ein gespanntes Verhältnis, obgleich die Rückkehr der Marine zunächst begrüßt worden war. Noch 1954 hatte der Kieler SPD-Oberbürgermeisterkandidat Hans Müthling erklärt, dass er zur Stärkung des Wirtschaftsstandortes Kiel „auch die Stationierung von Marine-Einheiten mit ihrer umfassenden sachlichen und personellen Umwelt" anstrebe. Allerdings hatte die Frage der deutschen Wiederbewaffnung nach den Erfahrungen zweier Weltkriege nicht nur im Ausland, sondern auch unter der deutschen Bevölkerung für erhebliche Auseinandersetzungen gesorgt. Vor allem die SPD hatte Adenauers Politik der Westbindung und Integration in die NATO abgelehnt.

Von Anfang an trafen die Soldaten der Bundesmarine in Kiel vielfach auf Ablehnung. Das hatte aber nicht nur politische Gründe. Im Laufe der Zeit war die Stabskompanie zum Sammelbecken für Mannschaftsdienstgrade geworden, die man bei ihren vorherigen Kommandos loswerden wollte. Oft zettelten diese „Problemfälle" in Kieler Lokalen Schlägereien an, so dass die Träger des Mützenbandes mit der Aufschrift „Stützpunkt Kiel" lange Zeit in Kiel wenig angesehen waren.

Hinzu traten seit Ende der 1950er Jahre politische Konflikte. So kam es auch in Kiel immer wieder zu Demonstrationen von pazifistischen Gruppen und NATO-Gegnern. Durch die Proteste gegen die amerikanische Vietnam-Politik in den 1960er und die Friedensbewegung in den 1980er Jahren verschärften sich die Differenzen weiter. Auch die sozialdemokratische Stadtregierung wahrte eine deutliche Distanz zur Bundesmarine, obgleich das Schulschiff „Gorch Fock" das schwimmendes Wahrzeichen der Stadt war. So sollte beispielsweise die Einrichtung des „Hiroshima-Parks" am Kleinen Kiel das Bewusstsein für die Bedrohung durch Atomwaffen schärfen. Es wurde sogar darüber nachgedacht, die Stadt offiziell zur atomwaffenfreien Zone zu erklären. Ebenso wurde der Besuch des mit nuklearfähigen Tomahawk-Raketen ausgerüsteten amerikanischen Schlachtschiffs „Iowa" zur Kieler Woche 1989 von zahlreichen Protestdemonstrationen zu Lande und zu Wasser begleitet, an denen sich auch hohe Repräsentanten der Stadt beteiligten. Im Januar 1991 eskalierte der Konflikt, als Demonstranten während des Zweiten Golfkriegs aus Protest gegen das Auslaufen des Zerstörers „Mölders", der als Zeichen der Solidarität der Bundesrepublik mit den USA die amerikanische Marine beim Schutz der Schifffahrtswege im Mittelmeer unterstützen sollte, die Eingänge zum Marinestützpunkt blockierten. Da weder das Innenministerium, noch die Stadt Kiel einen Polizeieinsatz befürworteten, um den Zugang zur Kaserne sicherzustellen, musste die Besatzung des Schiffes von der Reventlowbrücke aus mit Beibooten an Bord gebracht werden. Nicht zuletzt infolge dieser Auseinandersetzungen blieben die Beziehungen der Marine zur Stadt Kiel über viele Jahre von Spannungen und gegenseitigem Misstrauen belastet.

Die Zukunft Kiels als Marinestandort

Lange Zeit hatte die Bundeswehr ein besonderes Gewicht in Schleswig-Holstein. Während des Kalten Krieges besaß das Land zwischen den Meeren sowohl für die Bundeswehr, als auch für die NATO große strategische Bedeutung für die Verteidigung der Ostseezugänge. Das Ende der Ost-West-Konfliktes und die deutsche Wiedervereinigung im Jahre 1990 bedeuteten daher einen deutlichen Einschnitt in der Geschichte der Bundesmarine. Ein besonders augenfälliges Zeichen der veränderten Weltlage war der Besuch des russischen Kriegsschiffs „Drushnyi" anlässlich der Kieler Woche im Jahre 1992. Seither gehört die russische Marine genauso zum öffentlichen Erscheinungsbild im Marinestützpunkt Kiel wie die Schiffe vieler NATO-Partner.

Eine weitere Folge des Endes des Kalten Krieges war die Verkleinerung der Bundeswehr. Die Sowjetunion hatte ihre Zustimmung zur deutschen Wiedervereinigung von einer Verringerung der deutschen Streitkräfte abhängig gemacht. Bis 1994 sollte die Bundeswehr auf eine Friedensstärke von höchstens 370.000 Soldaten reduziert werden. Von diesem Truppenabbau war auch die Marine betroffen, hinzu kam die Verlegung von Teilen der deutschen Seestreitkräfte nach Mecklenburg-Vorpommern. Auch die in Kiel stationierten Einheiten wurden verringert.

1989 wurde das mit nuklearfähigen Raketen ausgerüstete US-Schlachtschiff „Iowa" während der Kieler Woche von zahlreichen Protestaktionen begleitet, an denen sich auch hohe Repräsentanten der Stadt beteiligten.

Oberbürgermeister Norbert Gansel brachte das gestörte Verhältnis Kiels zur Marine in Ordnung. „Die Marine gehört zur Seele der Stadt Kiel", sagte Reserveoffizier Gansel, und auch die SPD machte ihren Frieden mit den grauen Schiffen und ihren Besatzungen.

So wurde unter anderem das 7. Schnellbootgeschwader nach Rostock-Warnemünde und die Technische Marineschule nach Parow bei Stralsund verlegt. Ebenso wurden die meisten anderen Schiffe abgezogen; lediglich die „Gorch Fock", drei Messboote, ein Tanker und zwei Seeschlepper blieben in Kiel stationiert. Zugleich übergab die Marine einen großen Teil der Hafenanlagen der Stadt zur zivilen Nutzung und beschränkte sich fortan auf die Tirpitzmole.

Nicht zuletzt wegen der langjährigen politischen Differenzen zwischen der Kieler Stadtregierung und der Marine wurde Mitte der 1990er Jahre sogar die Auflösung des Marinestützpunkts Kiel in Erwägung gezogen, doch konnten sich schließlich die Kiel-Befürworter durchsetzen. Mit dazu beigetragen hatte auch die Wahl Norbert Gansels zum Oberbürgermeister. Als Sohn eines Portepeeunteroffiziers der Kriegsmarine und Marine-Reserveoffizier stand er der Marine wesentlich wohlgesinnter gegenüber als viele seiner sozialdemokratischen Parteifreunde. Im Gegensatz zu seinen Amtsvorgängern ging er auf die Marine zu und erklärte öffentlich: „Die Marine gehört zur Seele der Stadt Kiel." Auf diese Weise gelang es ihm, das gespannte Verhältnis zwischen Kiel und der Marine zu entkrampfen. Ebenso konnte Gansel die traditionell marinekritische Kieler SPD davon überzeugen, dass ein Verbleiben der Marine in Kiel durchaus im Interesse der Stadt lag.

Heute sind die früheren Konflikte vergessen. Statt zur Auflösung kam es im Zuge der Neustrukturierung der Deutschen Marine sogar zu einer Stärkung des Marinestandorts Kiel. Das Verteidigungsministerium entschied, den Stützpunkt Olpenitz zu schließen und die dort stationierten Minenstreitkräfte nach Kiel zu verlegen. Zugleich wird die Fördestadt Sitz der neu aufgestellten Einsatzflottille 1, zu der auch die Marineschutzkräfte, die Spezialisierten Einsatzkräfte, die Schnellboote und die Uboote gehören werden. Ab Sommer 2006 werden die bisherigen fünf Typflottillen der Marine, die Zerstörer-, die Schnellboot- und die Ubootflottille sowie die Flottille der Minenstreitkräfte und die Flottille der Marineflieger, zu zwei Einsatzflottillen mit Sitz in Kiel und Wilhelmshaven zusammenfasst und vom Flottenkommando in Glücksburg aus geführt werden. Damit wird Kiel erneut zum Zentrum der Marine in der Ostsee. Insgesamt werden wieder etwa 1.600 Marinesoldaten in der Fördestadt stationiert sein. Zumindest für die nächsten Jahre wird die Marine ein wichtiger Teil Kiels bleiben.

Dieter Hartwig
Das Marine-Ehrenmal in Laboe – eine nationale Gedenkstätte im Wandel

Seit Januar 1930 sehen die Besatzungen der von der Ostsee in die Kieler Förde einlaufenden Schiffen als Erstes den hohen, schlanken Turm des Marine-Ehrenmals in Laboe. Obwohl das sich verengende Fahrwasser alle Aufmerksamkeit der Brückenbesatzungen erfordert, werden sie immer wieder die Blicke zum imposanten Bauwerk auf dem Steilküstenufer der jütischen Halbinsel schweifen lassen, zumal es sich aus jedem Blickwinkel völlig unterschiedlich darstellt - nur der Eindruck der Größe bleibt der Gleiche. Nicht von ungefähr also zieht das Marine-Ehrenmal Besucher von nah und fern an; manche nähern sich erst zögerlich, sind dann aber nicht nur von der Größe des Bauwerks beeindruckt. Viele kommen immer wieder, z. B. zum Gedenken an ihre in Krieg oder Frieden auf See gebliebenen Familienangehörigen, Freunde oder Kameraden.

Von etwa zwei Metern über dem Wasserspiegel am Eingang zum Ehrenmalgelände geht man hinauf zum Ehrenmaleingang und steht dort etwa elf Meter höher, schaut hinauf zum 72 m hohen Turm - und der Besucher fragt sich spätestens jetzt: „Was wollte der Architekt durch die Formgebung zum Ausdruck bringen?" Und die Antwort muß lauten: Weder Schiffsbug, noch Segel oder U-Bootsturm soll es sein; allein das Bild einer Flamme würde die Intention des Architekten noch am ehesten treffen: Das Ehrenmal „will die ideelle Vorstellungskraft wie eine lodernde Flamme empor (anregen), hinauf zu den Höhen am Rande des Meeres. Es soll aus der dem Festplatz verwachsenen Ehrenhalle die Kraft unbesiegbaren Glaubens emporwachsen."[1]

Der Besucher des Ehrenmals, sei er nun Urlauber oder Schüler, Angehöriger der Deutschen oder einer ausländischen Marine hat je nach den Gründen seines Besuches eigene Vorstellungen von der Bedeutung bzw. der Funktion des Marine-Ehrenmals: Die einen besuchen es schlicht als Aussichtsturm, z. B. wenn im Frühsommer die Rapsfelder blühen, andere wegen eines Schulausfluges im Rahmen des Geschichtsunterrichts, die wenigsten wohl als nationale Gedenkstätte oder als Ort persönlich-familiären Gedenkens an Kriegsopfer oder Familienangehörige. Der Gedenkstätten- und Mahnmalcharakter des Bauwerks geht den meisten Besuchern sicher erst beim Betreten des Turmes auf, dank der dort seit 1996 zu lesenden Bestimmungen von 1927, 1954 und 1995.

Aber schon am Fuße des Turmes und erst recht auf seiner oberen Plattform in 85 m Höhe werden die

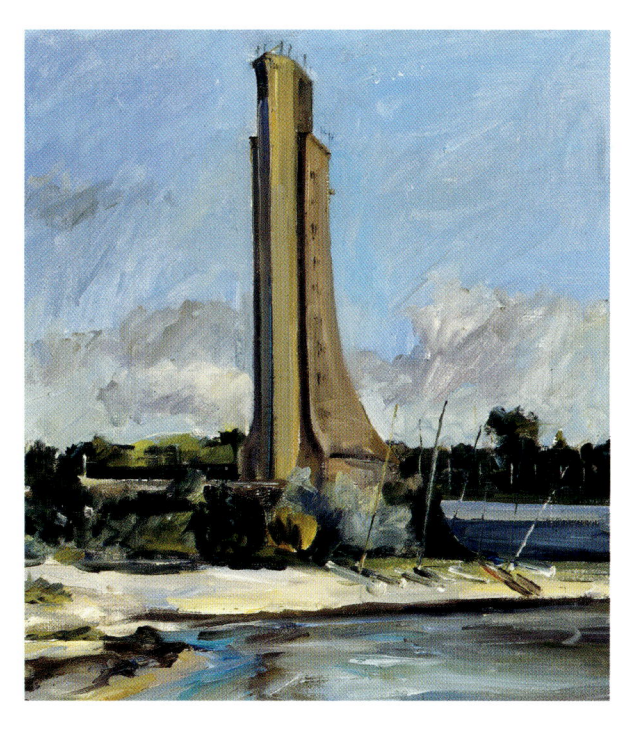

Rechts: Am 15. Nov. 1929 erreichte das Baugesrüst seine größte Höhe.

für die Ortswahl bestimmenden Gründe verständlich: (1.) Von hier hat man den Blick auf den „Exerzierplatz" der kaiserlichen Hochseeflotte, die sich später in der Skagerrakschlacht Dank dieses „Manövriertrainings" zweimal aus misslicher Lage befreite; (2.) man sieht den ständigen Strom der Schiffe aller seefahrenden Nationen vom bzw. zum Nord-Ostsee-Kanal - deren Besatzungen sollte gezeigt werden: „Mit einem solch' gewaltigen Ehrenmal gedenken wir, die Unterlegenen im Weltkriege, der Sieger der größten Seeschlacht der Weltgeschichte[2], unserer toten Helden". Ein weiterer (3.) Grund für die Ortswahl war: Die Gemeinde Laboe stellte den Platz kostenfrei zur Verfügung, sowie (4.), nicht ganz unbedeutend, die gute Erreichbarkeit dieses Ortes an der Kieler Außenförde mit Bahn und Fähre.

Eine Idee im Zeitgeist der Weimarer Republik gewinnt Gestalt

Um das Marine-Ehrenmal in seiner Doppelfunktion als Gedenkstätte und Mahnmal zu verstehen, muss man sich in die Zeit seiner Entstehung hineinversetzen. 1925 propagierte der ehemalige kaiserliche Unteroffizier Wilhelm Lammertz die Idee: Der Bundestag[3] des Bundes Deutscher Marine-Vereine solle beschließen, „bundesseitig für die im Weltkriege gebliebenen Kameraden der Marine ein würdiges Ehrenmal zu schaffen".[4] 1926 nahm der Bund Deutscher Marine-Vereine diese Idee auf, schrieb für einen ausgewählten Teilnehmerkreis renommierter Architekten einen Gestaltungswettbewerb aus und gab Gustav August Munzer (Düsseldorf) den Auftrag, seinen Entwurf in „verringerter Form" zu verwirklichen[5]. Als Zeichen des Beginnens und um die Spendenbereitschaft der Mitglieder und der Öffentlichkeit anzuregen, war am 8. August 1927 Grundsteinlegung. Erst 1929 entstand der Turm. Die in der Überlieferung behauptete Bauzeit von nur 101 Tagen kann als auf den 9. November 1929 hin (zu Recht) berechnet gelten: Der Panzerturm, der hier zur Verteidigung der Kieler Förde gestanden hatte, musste

Wilhelm Lammertz, geb. 1. Nov. 1874, gest. 1. Mai 1961, ehemaliger Unteroffizier der Kaiserlichen Marine, hatte die Idee zur Errichtung des Marine-Ehrenmals und hat sich wie kein anderer für die Verwirklichung eingesetzt.

wegen des Versailler Vertrages weichen. Daher kann der an seiner Stelle errichtete Ehrenmal-Turm auch als Antwort auf die Schmach des Novembers 1918 verstanden werden.

Die Idee eines würdigen Ehrenmals für die gefallenen Kameraden des „Großen Krieges" wurde zeitgeistgemäß zur Tapferkeits-Mahnung in einem nächsten Krieg: Das Ehrenmal sollte aber auch den Lebenden der eigenen Nation Mahnung sein: „Seid Deutsche, wie wir es waren, getreu bis in den Tod !"[6] Der Initiator Wilhelm Lammertz selbst zitierte bei der Grundsteinlegung den seit 1923 in der Marineschule Mürwik[7] zu lesenden, bei Vergil entlehnten Racheschwur: „Aus unseren Knochen wird dereinst ein Rächer erstehen."[8] Das traf den Geist der Zeit der Weimarer Republik: Kampf gegen das Schanddiktat von Versailles! So ist auch der (seit 1996) in der Eingangshalle zu lesende Spruch Admiral Reinhard Scheers bei den Hammerschlägen der Grundsteinlegung zu verstehen: „Für deutsche Seemanns Ehr'" - vor dem Skagerrak hatte sich die kaiserliche Hochseeflotte ehrenvoll-triumphal behauptet, dann aber war ihr „die zweite Chance" von der britischen home fleet versagt worden. Vielmehr kam es, wenig ehrenvoll, 1918 zu Meuterei und Revolution, was 1919, nach damaligem Verständnis, mit der Selbstversenkung in Scapa Flow leidlich wieder gut gemacht wurde. Weiter sagte Scheer: „Für Deutschlands schwimmend' Wehr" - denn nur veraltete Linienschiffe sowie nur 15.000 Marinesoldaten statt friedensmäßig 80.000 durfte das Deutsche Reich nach 1919 haben. Das Ziel aber sprach Scheer deutlich aus: „Für beider Wiederkehr" - für diese Mahnung sollte das Ehrenmal stehen: Die „Wiederherstellung der Ehre" durch einen erneuten, nun siegreichen Krieg mit einer dem Reich angemessen, d. h. richtig großen Flotte. Entsprechend dieser weit jenseits der Idee der reinen Totenehrung stehenden Mahnung formulierten die 22 Persönlichkeiten aus Politik, Öffentlichkeit und Militär ihre Sinnsprüche zu den Hammerschlägen bei der Grundsteinlegung 1927.

Dank einer großen Spendenbereitschaft insbesondere der Mitglieder der Marinevereine im Bund Deutscher Marine-Vereine (ab März 1935: Nationalsozialistischer Deutscher Marinebund/NS-DMB), aber auch weiter Kreise der Bevölkerung[9] konnte der Ehrenmal-Turm 1929 gebaut werden, war also zum Zeitpunkt der Machtübergabe (1933) an das nationalsozialistische Regime schon vorhanden. Der Baubeginn für die (unterirdische) WEIHEHALLE[10] stand bevor. Das Marine-Ehrenmal war bzw. ist also zwar kein Produkt der Nationalsozialisten – aber die geistigen Kräfte, denen das Ehrenmal erwuchs und für die es stand, waren jenen der Nationalsozialisten nicht fern.

Einweihung eines „Kitschproduktes"

Die WEIHEHALLE wurde im zweiten Halbjahr 1933 begonnen und fertiggestellt; die Umfassungsmauer des EHRENHOFES folgte 1934, 1935/36 die EHRENHALLE (seit 1954 HISTORISCHE HALLE). Adolf Hitler spielte beim Einweihungsakt am 30. Mai 1936 eine zwar stumme, aber wichtige Rolle. Generaladmiral Dr. h. c. Erich Raeder sprach ihn direkt an: „Mein Führer! Kameraden! ... Die Weihestätte ... ist nicht nur zum bleibenden Gedächtnis an unsere vor dem Feinde gebliebenen Schiffe und Kameraden, sondern darüber hinaus auch für eine lebendige Kraft des Geistes und des Willens, der durch sie verkörpert wird." [11] Raeder erinnerte an die Schmach des November 1918, aber auch an die Selbstversenkung in Scapa Flow: „Eine Tat, die sich der Verantwortung für die deutsche Ehre bewusst war. ...als ein erster Wendepunkt zum Aufbruch der Nation und als eine mahnende Lehre für alle kommenden Geschlechter. (...) Mein Führer! Aus nächtlichem Dunkel haben Sie uns, und haben Sie mit der Marine ein ganzes dankbares Volk aufwärts geführt zur Morgenröte[12] einer lichteren Zukunft." Zwischen Grundsteinlegung (1927) und Einweihung (1936) war also nichts vergessen. Nur kam die „Mahnung zur Rache" bei der Einweihung am 30. Mai 1936 nicht ganz so deutlich zum Tragen, denn im Jahr der Olympischen Spiele in Berlin und Kiel galt als Maxime: Keine scharfen Worte gegenüber den Engländern![13]

Nach der Einweihungsfeier (als „Staatsakt") fand im Marine-Ehrenmal keine der üblichen NS-Großveranstaltungen mehr statt, was aus nationalsozialistischer Sicht verständlich war, erklärte Hitler das Marine-Ehrenmal doch zum „Kitschprodukt sondersgleichen".[14] Der ca. 120.000[15] Toten der Kriegsmarine im Zweiten Weltkrieg hätte man im Marine-Ehrenmal gedenken können, nur wären sie - und damit die Wirklichkeit des Krieges - so allzu sehr ins Bewusstsein der Bevölkerung geraten.

Das Scheerhaus – heute Gästehaus des Sozialwerkes des Deutschen Marinebundes e.V.

Kriegsbedingter Wandel - nationales und internationales Gedenken

Das Marine-Ehrenmal blieb im Zweiten Weltkrieg weitgehend unbeschädigt. Das kann Zufällen oder aber britischer Hochachtung vor einem Denkmal zu verdanken gewesen sein, dessen „Zweck ein persönlicher Tribut der im Dienste des Landes gefallenen Angehörigen der Marine ist".[16] Das Marine-Ehrenmal wurde sehr schnell nach dem Zweiten Weltkrieg zu einem Besuchermagnet, vor allem aber zu einem „Ehrenmal für die Marinen aller Nationen, denn gerade die Ausländer sind immer wieder tief beeindruckt von diesem Ehrenmal und bedauern, etwas Ähnliches in ihrem Lande nicht zu haben. ... Die Ausländer sehen .. unser... Ehrenmal für alle gefallenen Matrosen..."[17] - dieser Eindruck des von der englischen Besatzungsmacht eingesetzten Treuhänders bestätigte die schon sehr bald nach der Errichtung des Turmes einsetzende Praxis: Wie die deutschen Kriegsschiffe ab November 1930, so erwiesen auch ausländische Kriegs- und Handelsschiffe (!) die Ehrenerweisung durch „Dippen der Flagge" beim Passieren des Ehrenmals. Seit 1936 wird von deutschen Kriegsschiffen „Front"[18] geblasen. Nach dem Zweiten Weltkrieg nahmen Bundesgrenzschutz und die Marine der Bundesrepublik Deutschland[19] diese Tradition wieder auf, ebenso Handels- und Kriegsschiffe aller Nationen.[20]

Nach dem Zweiten Weltkrieg wurde der NS-DMB verboten, sein Vermögen einschließlich des Marine-Ehrenmals beschlagnahmt.[21] Glücklichen Zufällen war es zu verdanken, dass der im Dezember 1952 überstürzt gegründete DMB das Marine-Ehrenmal mit Wirkung vom 25. März 1954 übertragen erhielt.

Der Kreistag des Kreises Plön hatte schon am 18. Juni 1946 einstimmig festgestellt: „(...) Das Ehrenmal dient lediglich dem Zweck, den gefallenen Marinesoldaten aller Nationen eine Weihestätte zu sein. Die Gemeindeverwaltung in Laboe wird als Verwalterin dafür sorgen, dass jede militärische Tendenz ausgeschaltet bleibt. Als außergewöhnliches Bauwerk soll das Ehrenmal ein Mahnmal des Friedens sein."[22] Den ersten Abgeordnetentag des Deutschen Marinebundes e.V. am 28. November 1953 in Marburg eröffnete der (vorläufige) Bundesvorsitzende Karl Beutz nach der Begrüßung mit den Worten: „Meine sehr verehrten Gäste, liebe Kameraden, zu Beginn der heutigen Tagung gedenken wir der Kameraden beider Kriege, gedenken der Gefallenen unserer Gegner, wir gedenken ferner der Kameraden, die im Verlaufe der letzten Monate zur großen Armee abberufen sind. ..."[23] - beachtlich ist hier die Einbeziehung der „Gefallenen unserer Gegner". Dieser Grundton war seitdem bestimmend für jegliches Totengedenken im Deutschen Marinebund e.V.; bemerkenswerterweise legte als erster Uniformträger nach dem Zweiten Weltkrieg ein Admiral der US Navy einen Kranz nieder - versehen mit der Kranzschleifenaufschrift: „To all those who died at sea."[24]

Am 30. Mai 1954 fand die Rückgabe des Marine-Ehrenmals von der britischen Besatzungsmacht an den Deutschen Marinebund e. V. statt.

An der (Rück)Übernahmefeier am 30. Mai 1954 nahmen auch Offiziere der US Navy, der italienischen und der Royal Navy teil. Der erste DMB-Präsident Otto Kretschmer[25] hielt eine Rede, in deren schriftlicher Überlieferung[26] es heißt: „Wir weihen dieses Ehrenmal dem Gedenken aller toten deutschen Seefahrer beider Weltkriege, ganz gleich ob sie an Bord von Kriegs- oder Handelsschiffen, von Flugzeugen oder an Land gefallen sind. Dabei verneigen wir uns auch vor den Gefallenen unserer Bundesgenossen zur See und vor unseren toten Gegnern, in der Hoffnung, dass den Völkern keine neuen Kriegsopfer mehr auferlegt werden."[27]

Angesichts der beschriebenen Praxis der nationalen und internationalen Ehrenerweisungen wie auch Kranzniederlegungen im Ehrenmal war die seit 1971 durch den damaligen DMB-Präsidenten Friedrich Rohlfing veröffentlichte Fassung der entsprechenden Passage der Kretschmer-Rede als völlig stimmig akzeptiert worden: „Der damalige Präsident sagte in seiner Festansprache u. a.: Dies in der Welt einmalig dastehende Marine-Ehrenmal soll fortan dem Gedenken aller auf See gebliebenen Seeleute, unsere früheren Gegner eingeschlossen, gewidmet sein."[28] Der Unterschied beider Fassungen fiel erst anlässlich der Umgestaltung der EINGANGSHALLE auf, als die Kretschmer-Worte im Sinne der von Rohlfing überlieferten schriftlichen Fassung gekürzt wurden: „Dem Gedenken aller toten deutschen Seefahrer beider Weltkriege und unserer toten Gegner." Obwohl über den Umgestaltungsprozess ständig informiert,[29] protestierte Otto Kretschmer 1997[30] gegen die gekürzte Fassung seiner Rede - er habe nur für „die Sekunde des Aussprechens die toten Gegner einbezogen wissen wollen, nicht etwa auf Dauer!"

Die in Ehrenerweisungen ausländischer Kriegs- und Handelsschiffe durch Flaggengruß oder „Front" zum Ausdruck kommende Haltung, das deutsche Marine-Ehrenmal gleichsam wie „das eigene" zu betrachten, zeigte und zeigt sich nach dem Zweiten Weltkrieg in den zahlreichen Delegationen und

Am Volkstrauertag 1996 wurde die Gedenkstätte Deutsche Marine auf der linken Seite der Eingangshalle durch den Inspekteur der Marine eingeweiht.

Kranzniederlegungen ausländischer Marinen (+/- 10 % der jährlich niedergelegten Kränze), einschließlich der „Ausländer-Lehrgänge" an der Führungsakademie der Bundeswehr sowie offizieller Besucher der Marineführung.

Der zweite Raum des Turmerdgeschosses war von Anbeginn dem Gedenken der auf See Gebliebenen der Kaiserlichen Marine gewidmet. Um auch der Toten des Zweiten Weltkrieges zu gedenken, musste er völlig umgestaltet werden. Dies gestalteten die Künstler Friedrich Eichstädt[31] (Schrift) und Annemarie Ewertsen (Sgrafitto-Technik) - Jahreszahlen und Totensummen an den Schmalwänden neben den Durchlässen zum nächsten Raum, die Silhouetten aller untergegangenen Schiffe und Boote an den Längswänden; zwischen den Durchlässen: SIE STARBEN FÜR UNS; darunter (1972 ergänzt): DEN LEBENDEN ZUR MAHNUNG. Aber auch die EINGANGSHALLE wurde im weiteren Verlauf ausschließlich national gestaltet - 1973 mit einem großen Gemälde vom Seegefecht bei Coronel, Gedenktafeln für die Schlachtschiffe SCHARNHORST (1980) und BISMARCK (1985) sowie der Tafel mit dem Spruch des Marinedekans Ronneberger von der Grundsteinlegung und dem NIOBE-Namensschild.[32]

Der Generationswechsel im DMB vollzog sich nur allmählich, die Verbindung zur aktiven Marine drohte abzubrechen - die nachwachsende Marinegeneration fand sich und ihre Marine im Marine-Ehrenmal nicht wieder. Sie wandte sich, abgesehen von der Teilnahme an Pflichtveranstaltungen, ab. In der Öffentlichkeit fand das Marine-Ehrenmal anlässlich der 50jährigen Wiederkehr der Einweihung (1986) u. a. sehr kritische Beachtung.[33]

Blieb der DMB in dieser Zeit noch „standhaft", setzten einige Jahre später doch Bedenken ein: 1993 gab es unter der Präsidentschaft eines pensionierten Admirals,[34] der ausschließlich in der Bundesmarine gedient hatte, erste Überlegungen zu einer Neugestaltung insbesondere der HISTORISCHEN HALLE.[35]

Ein „lebendiges" Ehrenmal als Gedenkstätte und Mahnmal

Der vom DMB einberufene Historische Beirat aus Museumsfachleuten und Marinehistorikern sowie, vor allem, einem Fachmann für Grabstättengestaltung und Denkmalskultur, der im Zweiten Weltkrieg Wachoffizier auf U-Booten gewesen war, hielt zwar auch die Historische Halle für dringend überarbeitungsbedürftig, erkannte aber an, dass dieses sehr kostenaufwendige Vorhaben[36] hinter der Verdeutlichung der Sinngebung vorerst zurückstehen müsste.

Die hierfür vom Beirat entwickelten Vorschläge sollten den Gedenkstätten- und Mahnmalcharakter deutlicher darstellen, Gedenk- und Mahnteil klar vom Museumsteil trennen und die seit 1954 mehr behauptete, als vollzogene „Internationalisierung" im „Bereich des Gedenkens & Mahnens" endlich verwirklichen. Als erstes wurden in der GEDENKHALLE[37] Flaggen ausgetauscht: Statt der bisherigen acht Flaggen der Kaiserlichen Marine, je vier Flaggen der Reichsmarine (a) mit und (b) ohne schwarzrotgold sowie vier Flaggen der Seestreitkräfte der Bundesrepublik Deutschland befinden sich dort nun je eine der Kaiserlichen Marine, der Reichsmarine (a) und der Bundesrepublik Deutschland sowie Flaggen von 15 seefahrenden Nationen, die ausgetauscht werden können, und die der NATO.

Seit 1996 empfängt den Ehrenmal-Besucher in der EINGANGSHALLE die seit den 1980er Jahren gewachsene, einer einstimmigen Satzungsänderung[38] von 1995 entsprechende Bestimmung des Marine-Ehrenmals:
GEDENKSTÄTTE FÜR DIE AUF SEE GEBLIEBENEN ALLER NATIONEN
MAHNMAL FÜR EINE FRIEDLICHE SEEFAHRT AUF FREIEN MEEREN.

Damit allerdings ist mehr geschehen als nur die Verwirklichung der seit 1954 intendierten Erweiterung des Gedenkens auch auf die Gefallenen der ehemaligen Gegner, die seit 1955 in der NATO Partner sind. Der aus der obigen Widmung ableitbare Einbezug z. B. auch von über Bord gefallenen „Traumschiff-Touristen" stellt nur vordergründig einen Extremfall dar - tatsächlich befanden sich nämlich schon unter den „gefallenen Helden im Weltkriege 1914 - 1918"[39] durchaus auch solche, die z. B. als Bibliothekar an Herzversagen starben oder beim dienstlichen Ausreiten vom Pferd fielen.[40]

Die 1995/1996 dokumentierte Erweiterung hebt auch die Beschränkung allein auf Kriegstote auf. Die vor allem kriegsgedienten Kritiker hatten nicht bedacht, dass schon immer auch jener im Marine-Ehrenmal gedacht wurde, die im Friedensdienst zu Tode kamen, nämlich z. B. der Toten des Segelschulschiffes der Reichsmarine NIOBE oder der Besatzung des Versuchsbootes WELLE.[41] Mehr noch und bezeichnenderweise - diese Kritiker hatten die gravierenden Unterschiede in den Zweckbestimmungen der verschiedenen deutschen Marinen und die sich daraus ergebenden Folgen für das Marine-Ehrenmal nicht verinnerlicht.

Marineführung und DMB kamen 1996 überein, eine „Gedenkstätte deutsche Marine" in der EINGANGSHALLE des Marine-Ehrenmals einzurichten. Dort heißt es:
IN EHRENDEM GEDENKEN DEN ANGEHÖRIGEN DER DEUTSCHEN MARINE, DIE SEIT 1955 IN AUSÜBUNG IHRES DIENSTES IHR LEBEN LIESSEN.

Mit der Formulierung DER DEUTSCHEN MARINE ist, wenngleich nicht ausdrücklich so beabsichtigt, auch die „andere" deutsche Marine zwischen 1955 und 1990, nämlich die Volksmarine der Deutschen Demokratischen Republik gemeint. Den Toten, die bei Minensuchaufgaben nach dem Zweiten Weltkrieg zu beklagen waren - eine militärische Aufgabe im Frieden! - sowie weiteren auf See Gebliebenen ist auf der gegenüberliegenden Seite der EINGANGSHALLE die „Gedenkstätte zivile Schiffahrt" gewidmet:
WIR GEDENKEN DER TOTEN DER ZIVILEN SCHIFFAHRT UND SEEDIENSTE.

Zu ergänzen bleibt noch: Um der historischen Redlichkeit willen wurden die Worte Admiral Scheers von der Grundsteinlegung 1927: „Für deutsche Seemanns-Ehr, für Deutschlands schwimmende Wehr, für beider Wiederkehr" rechts und die verkürzte Kretschmer-Widmung von 1954 links neben der heutigen Sinngebung des Ehrenmals dargestellt. Ursprünglich mit den Unterzeilen: „Reinhard Scheer 1927" und „Otto Kretschmer 1954"; nach der Intervention von Kretschmer geändert in: „Grundsteinlegung 1927" und „Neue Widmung 1954".

Der Turm widersteht seit fast 80 Jahren Wind und Wetter; in seine dauerhafte Existenz wurden 1993/1997 ca. 3 Mio. € investiert; davon spendeten DMB-Mitglieder und Freunde des Ehrenmals ca. 50 %.

Die Historische Halle zeigt deutsche Marinegeschichte von den Anfängen bis 2005.

Drei Bundespräsidenten besuchten bisher das Marine-Ehrenmal (hier Prof. Karl Carstens am 22. Juni 1981).

Die Darstellung der historischen Ereignisse befand sich, was die Geschichte bis 1945 angeht, bis Mai 2006 im Zustand von ca. 1970, wie vom damaligen Bundesvorstand gewollt national geprägt. Die äußerst kostenaufwendigen Bausanierungsarbeiten ließen dem DMB keine Mittel zur weit reichenden Überarbeitung der HISTORISCHEN HALLE unter dem Motto: „Wie kam es zu den Opfern, derer im Marine-Ehrenmal gedacht wird?" Hierfür liegen eine inhaltliche Konzeption und ein Darstellungskonzept zwar vor, im Frühjahr konnte aber nur eine „Zwischenlösung" realisiert werden, so dass nun (endlich) die Marinegeschichte 1945 bis 2005 im Marine-Ehrenmal dargestellt ist.

Für die Zukunft bleibt genug zu tun

Das Marine-Ehrenmal in Laboe wirkt nur äußerlich unbeweglich. Seine innere Bestimmung und Gestaltung dagegen scheint, so kann ein Fazit lauten, ebenso von Kontinuität wie von zeitbedingtem Wandel bestimmt. Dies für eine Gedenkstätte, die ja per definitionem rückwärtsgewandt ist, feststellen zu können, scheint beachtlich! Insbesondere die Wandlung auch zu einem Friedens-MAHNMAL sollte selbst von scharfen Kritikern positiv gewürdigt werden, zumal in Kenntnis der beschriebenen internationalen Anerkennung.

Das Marine-Ehrenmal in Laboe ist ein „lebendiges" Denkmal - ständig und viel besucht von Angehörigen jeglichen Alters, Herkunft und Nation; ständig in der kritischen Betrachtung und daraus abgeleitet in der - zögerlichen - Fortentwicklung, insbesondere hinsichtlich seiner Mahnung: Sie lautet seit fast 50 Jahren „Nie wieder!" statt „Wieder wagen!" Denn mit „Krieg kann [man] die Toten nicht rächen. Krieg ist nur eine brutale Entweihung des Gedenkens."[42] Und deshalb vor allem scheint das Marine-Ehrenmal zukunftssicher. Als Ort der Darstellung und als Teil deutscher Marinegeschichte wird es ein lebendiges, Interesse weckendes Denkmal bleiben. Der vielsteinige Turm trägt als „Stein des Anstoßes zur Nachdenklichkeit" zur ständigen Auseinandersetzung mit Geschichte, Wirklichkeit und ihren Folgen bis hin zum Tod bei.

Anmerkungen:

[1] Zur Deutung des Ehrenmals vgl. Thorsten Prange: Das Marine-Ehrenmal in Laboe. Geschichte eines Nationalsymbols, Wilhelmshaven 1996, S. 76 ff. - Seltener: „Es besteht ... aus zwei Teilen: dem Leuchtturm, der wie ein richtungsweisender, respekterheischender Zeigefinger oder auch als kraftvoller Schiffskiel (?) empfunden werden konnte ...", in: Arnold Vogt: Den Lebenden zur Mahnung, Denkmäler und Gedenkstätten; Zur Traditionspflege und historischen Identität vom 19. Jahrhundert bis zur Gegenwart, Hannover 1993, S. 156. - Gustav A. Munzer, in: Deutsche Marine Zeitung (= DMZ) 01.02.1934, S. 6. Siehe als neueste Veröffentlichung, die sich auch, wenngleich gelegentlich recht einseitig, mit dem Marine-Ehrenmal auseinander setzt Eschebach, Insa: Öffentliches Gedenken; Deutsche Erinnerungskulturen seit der Weimarer Republik, Frankfurt/New York: Campus Verlag 2005.

[2] Gemeint war die Skagerrak-Schlacht 31.05./01.06.1916 zwischen der britischen Home Fleet und der kaiserlichen Hochseeflotte.

[3] Mitglieder-/Delegiertenversammlung der dem Bund angehörenden Marinevereine. 1891 wurde der „Bund Deutscher Marine-Vereine" gegründet; 1902 umbenannt in „Vereinigung Deutscher Marine-Vereine", 1922 erneute Namenswechsel in „Bund Deutscher Marine-Vereine"; 1935 (zwangsweise umbenannt in „Nationalsozialistischer Deutscher Marinebund" (NS DMB 1945 verboten); 1952 Neu-/Wiedergründung als „Deutscher Marinebund e.V."

[4] DMZ 31.05.1925, S. 8.

[5] Wegen Überschreitung des vorgegebenen Kostenrahmens war Munzers Entwurf nur der 2. Preis zuerkannt worden.

[6] Angesichts dieses Befundes kann Elverts Feststellung (Jürgen Elvert: Die Marinedenkmäler am Ostufer der Kieler Förde, in: Rudolf Jaworski/Witold Molik (Hg.): Denkmäler in Kiel und Posen, Kiel 2002, S. 218-249, hier S. 225: „dominierte ... zunächst jedenfalls das Element der Mahnung vor dem Schrecken des Krieges" nicht nachvollzogen werden.

[7] Vgl. hierzu Dieter Matthei: Die Marineschule Mürwik. Entstehung und Entwicklung, in: Deutsches Marine Institut (Hg): Marineschule Mürwik, Konzeption und Redaktion Dieter Matthei, Jörg Duppler, Karl Heinz Kuse, 2. überarb. Auflage, Herford 1989, S. 63-99, hier S. 88, Abbildungen der Ehrentafeln S. 86, 87, 131; sowie „Das rote Schloß am Meer". Die Marineschule Mürwik seit ihrer Gründung; Text von Jörg Hillmann, Fotografien von Reinhard Scheiblich, Hamburg: Convent Verlag 2002, S. 69, Abbildung der Ehrentafeln S. 68. - In zwei Bildbänden, die an der Marineschule Mürwik liegen, sind die Kurzbiografien der namentlich aufgeführten gefallenen Seeoffiziere versammelt. Auf dem Vorsatzblatt des einen Bandes heißt es: „Euch sank das Schwert aus sieggewohnten Händen, was Ihr begehrt, wir werden es vollenden."

[8] EXORIARE ALIQUIS NOSTRIS EX OSSIBUS ULTOR

[9] Zur Finanzierung vgl. Prange (wie Anm. 1), S. 41 ff. - Im „Dritten Reich" wurden reichsweite Straßensammlungen verboten, vgl. Prange (wie Anm. 1), S. 101 f.

[10] Ursprünglich in den Plänen Munzers „Ehrensaal" und seit 1995 WEIHEHALLE genannt.

[11] Führer durch das Marine-Ehrenmal, S. 11 f; alle folgenden Zitate ebd.

[12] Auf der Treppe von der unterirdischen GEDENKHALLE hinauf in die HISTORISCHE HALLE sieht der Besucher direkt auf eben diese „Morgenröte" in Gestalt einer Sonne, die als Teil eines Mosaikglasfensters hinter den Schornsteinen eines Kriegsschiffes aufsteigt – und darin ein (heute nur mit Mühe erkennbares) „Hakenkreuz". Mit der Gesamtanlage steht auch dieses Glasfenster unter Denkmalschutz.

[13] Eine Delegation der Royal Navy brachte die Schiffsglocke SMS SEYDLITZ als „Gastgeschenk" mit. Das Schiff war im Gefecht auf der Doggerbank (Jan. 1915) und in der Skagerrakschlacht schwer getroffen und in Scapa Flow von der eigenen Besatzung versenkt worden.

[14] Henry Picker: Hitlers Tischgespräche im Führerhauptquartier. Entstehung, Struktur, Folgen des Nationalsozialismus, Berlin 1997, Nr. 199, S. 686 (29.07.1942 abends): „Beim Abendessen stellte der Chef vom U-Boot-Denkmal in Laboe (bei Kiel) fest, daß es mit seinem verkehrt herumgestellten Schiffsbug ein Kitschprodukt sondersgleichen sei."Vgl. in diesem Zusammenhang die Ausgabe Henry Picker: Hitlers Tischgespräche im Führerhauptquartier 1941/42, neu herausgegeben von Percy Ernst Schramm in Zusammenarbeit mit Andreas Hillgruber und Martin Vogt, Stuttgart 1963, S. 491, jedoch unter lfd. Nr. 198. - Goebbels ‚urteilte': „Das Denkmal ist leider ein geschmackloser Koloß", zit. nach Rainer Blasius: Skagerrak und Seemannsehre; Vor 75 Jahren wurde in Laboe an der Ostsee der Grundstein für das Nationaldenkmal der Marine gelegt, in: FAZ v. 08.08.2992, S. 38. - Vgl. auch Hans-Ernst Mittig: Wiederkehr? Das deutsche Marine-Ehrenmal in Laboe, in: Volker Plagemann: Seefahrt und Seemacht im deutschen Kaiserreich, München 1988, S. 377-379, hier S. 378; weiter hier auch interessante Anmerkungen zu verschiedenen Interpretationsversuchen zur Gestaltung des Turms. Mittigs Beitrag ist als fundiertester aller d.Verf. bekannten einzuschätzen (wenngleich auch nicht in allen Fakten richtig). 2005 tauchte (als ebay-Angebot) eine bis dahin unbekannte Bronzetafel auf, die an die Einweihung von 1936 erinnert. Sie wird wie die Tafel zur Erinnerung an die Grundsteinlegung 1927 nachträglich angebracht worden sein, wurde aber nach Kriegsende gewaltsam von Unbekannt entfernt.

[15] Neueste Untersuchungen sprechen von 138.000 Gefallenen der Kriegsmarine, vgl. Dieter Winkler: Die Toten der Kriegsmarine im Zweiten Weltkrieg, in: Österreichisches Schwarzes Kreuz, Dokumentation 2000, Wien 2001, S. 36. - 1958 kam Adm. a. D.

Werner Fuchs, damals zuständig für die Gestaltung des Marine-Ehrenmals, auf 235.754 Gefallene, allerdings ohne jegliche Quellenangaben (DMB-Archiv).

16 So die britische Militärregierung am 23.06.1946 in ihrer Mitteilung über den Erhalt (statt Sprengung) des Marine-Ehrenmals; zit. nach Prange (wie Anm. 1), S. 123.

17 Der Bürgermeister von Laboe, Werner Carstensen, am 30.04.1954 in einer Besprechung zur Vorbereitung der Übergabefeierlichkeiten am 30.05.1954 (im DMB-Archiv Laboe).

18 Es handelt sich hierbei um eine Ehrenerweisung normalerweise gegenüber höheren Vorgesetzten; sie wird an Bord von Schiffen/Booten mit einer „Trillerpfeife" gepfiffen oder mit einem Signalhorn geblasen.

19 Zur Unterscheidung zu anderen deutschen Marinen genannt „Bundesmarine", seit 1990 „Deutsche Marine".

20 „Niederholen und sofortiges Wiedersetzen der Heckflagge". Allerdings ist dies bei Handelsschiffen gegenwärtig nicht mehr zu beobachten.

21 Vgl. hierzu und zum Nachfolgenden Prange (wie Anm. 1), S. 123 ff.

22 Prange (wie Anm. 1), S. 122 f

23 Protokoll des Abgeordnetentages 28. Nov. 1953 in Marburg, S. 1, DMB-Archiv.

24 Leinen los!, Heft 8 (1955) S. 133.

25 Fregattenkapitän a. D. und U-Boot-Kommandant im Zweiten Weltkrieg.

26 Leinen los!, Heft 7 (1954) S. 4 f.

27 Abgesehen von der Veröffentlichung in der DMB-Verbandszeitschrift wurde dieser Text einem breiteren Publikum und selbst den DMB-Mitgliedern erst 1996 mit der Veröffentlichung von Thorsten Prange (wie Anm. 1, S. 144) bekannt.

28 „Das Marine-Ehrenmal", Verfasser: Friedrich Rohlfing, Layout: Walter Frank, 1. Auflage, Verlag u. Copyright: Deutscher Marinebund e.V. Wilhelmshaven 1971, S. 4 f.

29 betr.: Widmung Marine-Ehrenmal Laboe 1954. Aktenvermerk über ein Gespräch mit FlAdm. a. D. Otto Kretschmer: „1. Die Aussagen von KRETSCHMER und HEYE anl. der Rückgabe des MEM beruhen auf einem Vorstandsbeschluß, dem u. a. auch Adm. RUGE angehörte. Insofern haben wir beide in unseren Ansprachen am 31.05.1954 (sic!) diesen Auftrag des BV nur nachvollzogen. K: „Ich freue mich, dass dieser Gedanke jetzt endlich im MEM optisch sichtbar gemacht wird.
2. Diese NEUE Widmung war nur für den Bereich des Gedenkens & Mahnens gedacht. Die übrigen Teile des MEM - z. B. Historische Halle - sollten weiterhin vorzugsweise nationaler Darstellung vorbehalten bleiben. Das MEM sollte nicht völlig „internationalisiert" werden - so die Auffassung des Bundesvorstands 1954.
Ich habe K. unsere Absichten/Maßnahmen geschildert, die m. E. genau den Vorstellungen des damaligen Bundesvorstands entsprechen. >>> Dem stimmte K. ausdrücklich zu."

30 Protokoll HA/BV 1997, Cuxhaven (DMB-Archiv, Laboe).

31 Hans-Kurt Boehlke: Die Schrift als Gestaltungselement im Grabmalschaffen, Friedrich Eichstaedt zum Gedächtnis, in Memoriam Rudolf Pfister und Hans van Bracht, in: Friedhof und Denkmal, 15. Jahrgang, Heft 4 (1970), S. 2-13.

32 NIOBE fiel am 26.07.1932 einer unvorhersehbaren Gewitterbö zum Opfer; 69 Mann fanden den Tod; darunter 39 (von 60) Angehörige der Offizierscrew 32. Das NIOBE-Namensschild befand sich bis 1996 in der EINGANGSHALLE und ist seitdem verloren.

33 ZEITmagazin v. 13.05.1986: „Die Ehre der Marine" - FAZ v. 20.09.1986: „Haltestelle Ehrenmal; Besichtigung in Laboe".

34 Flottillenadmiral Hansdieter Christmann, geb. 1933, in der Marine von 1959 bis 1990, DMB-Präsident 1991-1999.

35 Kieler Nachrichten v. 21.08.1993: „Marinebund preist neues Konzept fürs Ehrenmal an" - DIE WELT v. 31.08.1993: „Historiker: Hier wird der Krieg distanzlos verherrlicht" (der Verfasser dieses Beitrages wird dort - richtig - zitiert: „Der Besucher wird mit einem Wust von Modellen und Karten überfallen.' Die Marine werde heroisiert, ihr kriegerischer Zweck aber nicht erläutert.")

36 Museumsgestalter veranschlagen ca. 500.000 €.

37 Die frühere WEIHEHALLE, bei Munzer noch „Weihesaal", in GEDENKHALLE umbenannt, was dem dortigen Geschehen, nämlich Gedenken, besser entspricht. Das angekündigte Aufhängen der Flagge Großbritanniens veranlasste ein DMB-Mitglied zur Austrittsdrohung mit dem Hinweis, „die Engländer haben auf mich, nachdem mein U-Boot versenkt war, im Wasser treibend geschossen". Dass er selber (bzw. „sein" U-Boot) zuvor englische Schiffe versenken und damit ja deren Besatzungen hatte töten wollen, hatte er zwischenzeitlich vergessen – ein Beispiel schnellen Rollen- bzw. Bewusstseinswechsels. - Eschebach (wie Anm. 1) nimmt in 2005 die Umbenennung in „Gedenkhalle" nur in einer Anm. (43, ebda., S. 105) zur Kenntnis - auf S. 56 heißt es weiterhin „Weihehalle" trotz eines nebenstehenden Fotos, das die Autorin selber aufgenommen hat!

38 Protokoll über den Abgeordnetentag des DMB e.V., 10.06.1995, S.27: Antrag 1: „§ 2, Abs. 6.1: Neue Fassung: Pflege, Erhalt und Ausbau des DMB-eigenen Marine-Ehrenmals als Gedenkstätte für alle auf See gebliebenen Seeleute aller Nationen und als Mahnmal für eine friedliche Seefahrt auf freien Meeren."

39 So die Schrift auf der Umrandung des Wasserbeckens in der unterirdischen GEDENKHALLE.

40 Nachzulesen in den Kurzbiographien aller gefallenen Seeoffiziere (nicht Ing.- und Verwaltungsoffiziere!), deren Namen seit 1923 auf Holztafeln in der Aula der Marineschule Mürwik (Flensburg) verzeichnet sind (siehe Anm. 7).

41 Vgl. Elvert (wie Anm. 6), S. 12 f.

42 Arundhati Roy in: „Wie man einen Krieg verkauft, Unsere Wut ist grenzenlos: Über den Antiamerikanismus als Ideologie", in: F.A.Z. v. 02.10.2002, S. 41.

Tobias Duwe
Die Düsternis der Gedenkhalle

Das Marine-Ehrenmal gehört für mich schlicht und einfach zu den Eigenarten meiner schleswig-holsteinischen Heimat. Aus der Kieler Förde mit der „Gorch Fock" auslaufend, hatte ich erlebt, wie das Ehrenmal mit dem Befehl „Front" geehrt wird, und es entstand bei mir der Wunsch, mich eingehender auf die Thematik einzulassen. Soldatenfriedhöfe haben mich in meiner Laufbahn bereits mehrfach beschäftigt.

Nun in die Dunkelheit und Stille der Gedenkhalle eintauchend, wollte ich dem Gedenken an verstorbene Seeleute und den damit verbundenen Aktivitäten malerisch nachspüren. Ich verstehe das Ehrenmal als ein Gesamtkunstwerk, das seine Wirkung auf die Sinne nicht verfehlt. Durch ein sich im Mittelpunkt des Gewölbes befindliches Glasfenster dringt fahl blauviolettes Licht in die Gedenkhalle, und ich fühlte mich dort auf den Grund des Meeres versetzt. In der einzigartigen Akustik, in der das geringste Füßeschaben in einem lang anhaltenden Echo zurückgeworfen wird, fühlt sich der Besucher als Eindringling in eine fremde Welt und es lässt ihn klein und vorsichtig werden.

Man mag diese Konzeption, die dem Kathedralen-

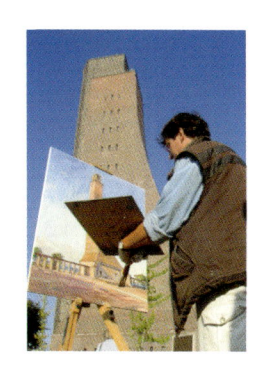

Schwere malerische Kost.

Die Konzeption des Ehrenmals verfehlt ihre Wirkung nicht.

Den Künstler beschlich räumliche Bedrängung.

„Gott sei Dank steht das U-Boot auf dem Strand."

bau entlehnt zu sein scheint, als kitschig empfinden, aber sie verfehlt ihre Wirkung auf die Menschen nicht. Meine Farben auf der Palette eher ahnend als sehend, malte ich einige Skizzen in der Düsternis der Gedenkhalle, gespannt was ich wohl auf meiner Leinwand erblicken würde, sobald ich wieder ans Tageslicht zurückkehre.

Ich war erstaunt, einiges an brauchbaren Informationen eingefangen zu haben. Es wurde mir aber auch klar, dass ich in diesem Falle, ganz gegen meine sonstige Vorgehensweise als Vor-Ort-Maler, mehr nach dem Gedächtnis, anhand von kurzen Bleistiftskizzen und auch mit Hilfe von Fotos, würde arbeiten müssen.

Dankbar war ich für die Gelegenheit, an Kranzniederlegungen und Gottesdiensten teilzunehmen. In diesen Momenten wird das Gedenken vital, praktisch und greifbar. Der Sinn des Mahnens bekommt ein Gesicht - wird persönlich. Den Militärgeistlichen folgend, einer Prozession gleichend, zogen die Marineangehörigen und die Repräsentanten der verschiedenen bei der Kieler Woche vertretenen Nationen mit Kränzen und Blumengebinden in das Gelände des Ehrenmals ein. Das über die Uniformen, Blumen und Schleifen gleitende Sonnenlicht ist schon Gegenstand genug für den Maler. Ich wollte einige dieser Momente festhalten, weil diese so essentielle Aktivität sonst über das Jahr hin kaum für Außenstehende sichtbar ist. Auch hier musste ich mein Prinzip des reinen Vor-Ort-Malens verlassen. Innen- und Außenansichten konnten hingegen wieder in der gewohnten Arbeitsweise in einem einwöchigen Aufenthalt im Gästehaus des Marinebundes entstehen. Hier erhielt ich ein schönes Zimmer mit Blick auf die Förde. Zunächst einmal durchstreife ich ziellos das Ehrenmal, lasse die Inschriften auf mich wirken und betrachte immer wieder die vielen Kranzschleifen an den Wänden. „Eigentlich ein schöner Farbklang", denke ich und stelle mir die Frage: „Hat die Zeit die Farben der Kranzschleifen toniger gemacht, oder waren die früher einfach schöner?" Dann der Blick in die Tiefe der nachfolgenden Säle. Sie beeindrucken mit dem Sakralbau entlehnten Proportionen der Durchgänge. Ich befinde: allemal genug „Augenfutter", um ein Bild zu wagen. Ich drängele mich mit meiner Staffelei in eine Ecke. Eine wirkliche Puzzlearbeit beginnt, die mich fast einen Tag beschäftigt. Farbfleck um Farbfleck taste ich mich von Kranzschleife zu Kranzschleife. Am Ende war ich erstaunt, die Orientierung nicht verloren zu haben. Ich fühlte mich in der Meinung bestätigt, dass kein theoretischer Entwurf und kein Konzept, sondern nur wirkliches Ausprobieren Bilder hervorbringt. Dazu gehört selbstverständlich die Möglichkeit des Scheiterns. Diese Bilder hervorzubringen, hatte auch ganz diesseitige Grenzen. Irgendwann meldete sich der Hunger. Zum wiederholten Male hatte ich das Mittagessen im Scheerhaus verpasst. Zum Glück gibt es gleich am Ehrenmal einen Imbiss. Von nun an war Pommes Mayo meine tägliche Diät.

Auch das Abendbrot war nur schwer durch richtige Formate und Motivwahl einzuplanen. Meist dauerte meine „Mal-Zeit" länger als vorgesehen, und so blieb ich wieder hungrig. Am vierten Abend entschied ich, wenigstens abends eine richtige Pause zu machen und mich hinterher noch einmal in das U-Boot zurückzuziehen.

Um nicht nächtliche Besucher anzulocken, verriegelte ich die Tür des Bootes von innen und befand mich nun ganz und gar von der Außenwelt abgeschlossen. Zunächst die Kojen in dieser absoluten Stille malend, beschlich mich wirklich räumliche Bedrängnis. Der Wunsch, die Tür wieder zu öffnen und Frischluft hereinzulassen, wurde immer stärker. Nein, in diesen Kojen würde ich nicht schlafen können. Nur das Bewusstsein, dass dieses U-Boot im Trocknen auf dem Strand bei Laboe steht und ich die Tür hoffentlich jederzeit wieder öffnen könnte, beruhigte mich.

Am letzten Abend meiner Laboer Mal-Zeit fiel ich völlig erschöpft auf mein Bett im Scheerhaus. Mein Blick schweifte über die Kieler Förde. Mitten im Fensterrechteck eine Uhr an einer Bushaltestelle. Dahinter Schiffe, die lautlos im Dunst auf das Meer hinausglitten – irgendwohin. Ein fantastischer Moment! Ich versuchte eine letzte schnelle Skizze und fühlte mich mit hinausgezogen auf das Meer...

„Blick aus dem Scheerhaus", 2005, 31 x 40 cm, Öl auf Hartfaser

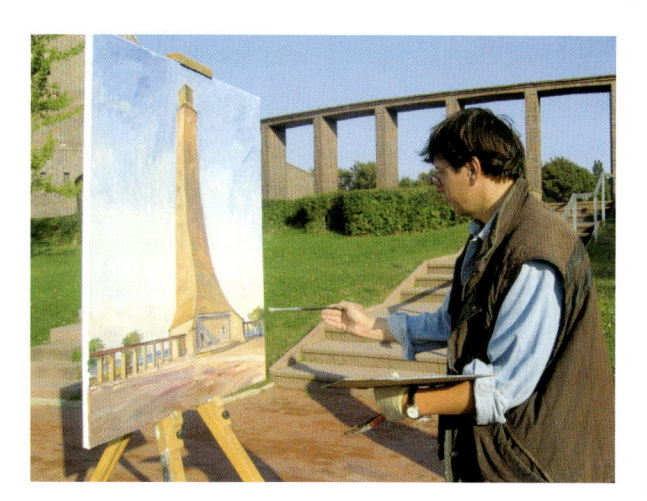

Monumentalität als malerische Herausforderung.

Michael Legband
„Das Marine-Ehrenmal soll mahnen!"

An einem sonnigen Herbsttag steht der Künstler neben seiner Staffelei, die er auf dem Ehrenhof platziert hat. Hinter ihm die Gedenkhalle. Tobias Duwe reckt immer wieder den Daumen peilend in Richtung Ehrenmal. Der Betrachter der Szenerie merkt schnell, das Motiv ist mächtig und mit einem Blick nicht zu fassen. „Ich muss es gedanklich zusammen quetschen, um es auf der Leinwand neu zu erbauen", beschreibt der Maler seine Herangehensweise. Stunden später: Die Totale vom Ehrenmal ist gekonnt auf die Leinwand gebannt. Das erste Bild von rund zwanzig Werken zum Thema „Marine-Ehrenmal in Laboe" ist so gut wie fertig.

Nach zehn harten Tagen während der Kieler Woche 2005 folgte weinige Monate später die eingehende Beschäftigung mit dem Ehrenmal. Zeitgenössische Bilder entstanden in knapp zehn Tagen vor Ort. Duwe setzt sich besonders mit dem „Innenleben" des Ehrenmals auseinander. Details aus der Gedenkhalle, der Gang dorthin oder Kranzschleifen bestimmen hier seine Bilder. Hinzu kommen Außen- wie Innenansichten von U 995, das als Technisches Museum am Strand vor dem Ehrenmal liegt.

Warum? „Die Anlage hat für mich die gleiche Funktion wie etwa Soldatenfriedhöfe, mit denen ich mich auch schon malerisch auseinander gesetzt habe", sagt der Künstler, während er die Atmosphäre der Gedenkhalle auf sich wirken lässt. Laboe habe eindeutig mahnenden Charakter. Heute vielleicht noch mehr als zuvor. Denn seit der deutschen Einheit gebe es ja wieder deutsche Soldaten in fremden Ländern und auf fernen Gewässern. „Meine Arbeit soll sich nicht auf das Malen schöner Landschaften reduzieren." Das wäre Tobias Duwe auf Dauer einfach zu langweilig. Für Laboe gelte das Gleiche wie seinerzeit, als er sich fast ein Jahr lang mit der „Gorch Fock" beschäftigte. Seine Positionierung sei nicht von Anfang an klar gewesen. „Dies macht den Reiz aus," skizziert der Künstler seine Überlegungen und fährt fort: „Mir scheint, es ist ein Zeichen unserer Zeit, dass die Position nicht randscharf ist, wie dies etwa noch vor 20 Jahren der Fall war." Die Welt habe sich geändert. Grundsätzlich gelte jedoch: „Alles muss malerisch darstellbar sein." Man dürfe keine Vorbehalte gegen Themen haben. Als malerischer Positivist schon gar nicht.

Schwere Kost. In seiner Monumentalität war das Ehrenmal-Ensemble eine echte malerische Herausforderung. Dies merkte der Beobachter dem äußerst konzentriert zu Werke gehenden Duwe schnell an. „Die Anlage ist schwierig zu erfassen und erschließt sich nur allmählich unter den wechselnden Lichteinflüssen", erklärte der Künstler immer wieder auf Fragen vieler der Besucher, die ihm bei der Arbeit über die Schulter guckten und nicht mit Kommentaren sparten. Dies gelte besonders für die Innenansichten. Je nach Tageszeit würde sich hier eine dramatische Atmosphäre aufbauen. „Die künstlerische Auseinandersetzung mit dem Ehrenmal ist schwere Kost", fasst der Maler seinen Aufenthalt in Laboe zusammen.

Gemäldegalerie
Tobias Duwe und das Marine-Ehrenmal in Laboe

„Blick auf das Ehrenmal", 2005, 60 x 50 cm, Öl auf Leinwand

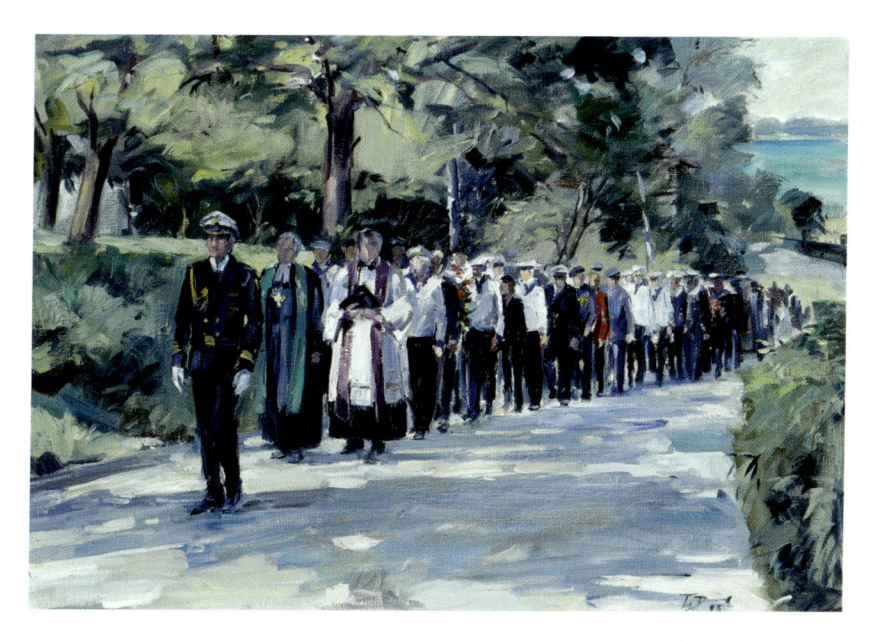

„Trauermarsch", 2005, 50 x 70 cm, Öl auf Leinwand

„Vater unser", 2005, 50 x 70 cm, Öl auf Leinwand

„Andacht", 2005, 60 x 70 cm, Öl auf Leinwand

„Stille II", 2005, 80 x 100 cm, Öl auf Leinwand

„Stille I", 2005, 40 x 50 cm, Öl auf Leinwand

„Kranzniederlegung II", 2005, 50 x 70 cm, Öl auf Leinwand

„Kranzniederlegung I", 2005, 50 x 70 cm, Öl auf Leinwand

„Verpflichtung II", 2005, 50 x 70 cm, Öl auf Leinwand

„Totale", 2005, 90 x 80 cm, Öl auf Leinwand

„Steiner Sicht", 2005, 27 x 36 cm, Öl auf Hartfaser

„Herbststimmung in Laboe", 2004,
70 x 90 cm, Öl auf Leinwand

„Im Laboeer U-Boot I", 2005, 40 x 50 cm, Öl auf Leinwand

„Im Laboeer U-Boot II", 2005, 50 x 40 cm, Öl auf Leinwand

„Blick vom Ehrenmal", 2005, 60 x 80 cm, Öl auf Leinwand

„Winterstimmung", 2006, 60 x 70 cm, Öl auf Leinwand

Tobias Duwe – Familiäres Malen

Tobias Duwe wurde im Malerhaushalt Duwe 1961 geboren und wuchs auf dem Land in Großensee bei Hamburg auf. Der Vater malte zuhause, und die drei Kinder hatten eigentlich immer Zugang zum Atelier. So durften sie unter der Bedingung, keinen Ton von sich zu geben, beim „Bildermachen" zusehen.

Nach dem Abitur studierte Duwe an der Fachhochschule für Gestaltung in Hamburg bei Prof. Tom Knoth und Prof. Almut Heise Zeichnen und Malerei. Er begann im Hafen zu malen. Der Vater korrigierte zuhause, malte auch gerne in die Bilder hinein. 1988 Beendigung des Studiums mit dem Diplom. Während des sich anschließenden Zivildienstes bereitete der Künstler erste Ausstellungen vor. Seit 1992 nimmt Tobias Duwe regelmäßig an den Symposien der Norddeutschen Realisten teil. Besondere Höhepunkte waren: 1998 „Helgoland", 1999 „Segel & Leinwand", 2000 „Auf den Spuren von Jean Sibelius". Ferner 2001/2002 „Kiel in Sicht" sowie 2003 die Teilnahme an dem Projekt „Farbige Debatten – Realisten im Parlament". Erstmals in der deutschen Kunstgeschichte malten Pleinairmaler direkt in einem Landesparlament. 2004 beteiligte sich Tobias Duwe an dem malerischen Firmenportrait der Köllnflockenwerke, Elmshorn. Auf zahlreichen Ausstellungen im In- und Ausland ist Tobias Duwe mit seinen Werken vertreten. In Museen, Galerien oder Firmen hängen seine Werke. Seit 1995 ist er Mitglied des Berufsverbands Bildende Künste (BBK-SH).

Danksagung

Autor Michael Legband und Maler Tobias Duwe danken für vielfältige Unterstützung: dem ehemaligen Inspekteur der Marine Lutz Feldt für die Anregung zum Projekt und die Unterstützung bei der Umsetzung. Fregattenkapitän Peter Krüger (Kieler Woche-Sprecher der Deutschen Marine) und seinem Team für zahlreiche Hilfestellungen, die weit über die üblichen dienstlichen Obliegenheiten hinausgingen. Dem Deutschen Marinebund mit seinem Präsidenten Karl Heid an der Spitze sowie dem ehemaligen Beratenden Historiker Dr. Dieter Hartwig, der stets mit Rat und Tat zur Seite stand. Gleiches gilt für Wolfgang Henze, der in seiner Zeit als Chefredakteur von „Leinen los!" dem Projekt auf die Beine half.

Autor Michael Legband bedankt sich ausdrücklich beim Beratenden Historiker des Deutschen Marinebundes, Dr. Jann Markus Witt, für Anregungen und Hilfestellungen bei dem Kapitel über die Geschichte des Marinestützpunktes Kiel. Ein besonderer Dank geht an Teresa Arnold-Legband, die stets unterstützend zur Stelle war, wenn es galt, Tobias Duwe oder dem schreibenden Ehemann bei der Realisierung des Projektes zu helfen. Autor und Künstler sagen dem Convent-Verlag für die reibungslose und professionelle Zusammenarbeit Dank.

Für das Kapitel „50 Jahre Marinestützpunkt Kiel" stellte das Archiv der Landeshauptstadt Kiel die Fotos zur Verfügung, ebenso der Schifffahrtsredakteur Frank Behling. Die Fotos im Kapitel „Das Marine-Ehrenmal in Laboe" stammen aus dem Archiv des Deutschen Marinebundes e.V. – auch dafür herzlichen Dank!

Der Weg ist das Ziel...

Wo für viele Schluss ist, geht's bei Color Line erst richtig los: Mit einer großen Flotte komfortabler Schiffe fahren wir mehrmals täglich nach Norwegen.

Welche Route Sie auch wählen, stets genießen Sie Restaurants, Bars, Discos, Shops, Casinos und internationales Entertainment an Bord.

Willkommen auf dem richtigen Weg und in der Erlebniswelt einer Seereise mit Color Line!

Infos und Buchung:
www.colorline.de
Tel.: 0431/7300-300
oder in Ihrem Reisebüro

Norwegen.
Wir bringen Sie hin!

Color Line

marinemuseum.de

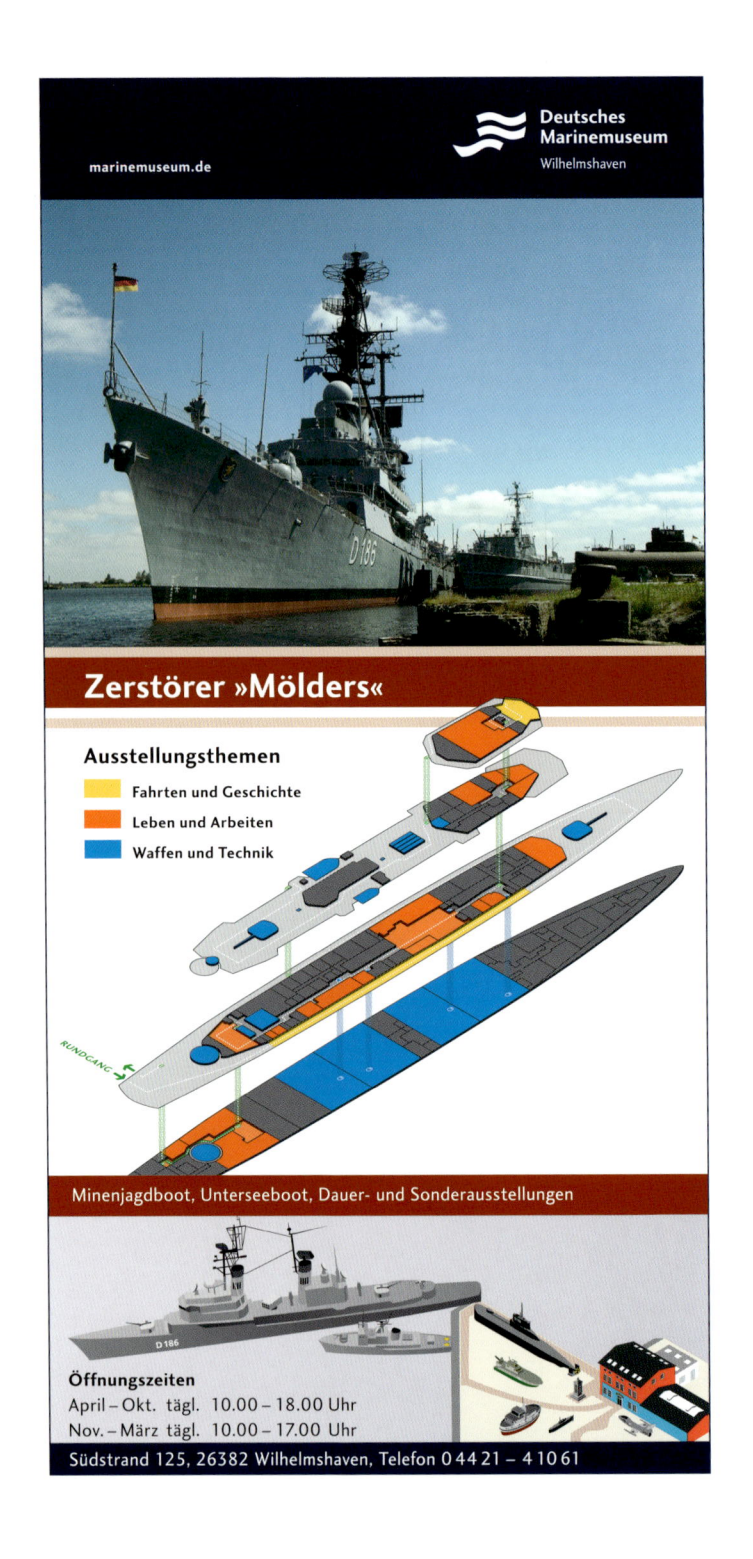

Deutsches Marinemuseum
Wilhelmshaven

Zerstörer »Mölders«

Ausstellungsthemen
- Fahrten und Geschichte
- Leben und Arbeiten
- Waffen und Technik

Minenjagdboot, Unterseeboot, Dauer- und Sonderausstellungen

Öffnungszeiten
April – Okt. tägl. 10.00 – 18.00 Uhr
Nov. – März tägl. 10.00 – 17.00 Uhr

Südstrand 125, 26382 Wilhelmshaven, Telefon 0 44 21 – 4 10 61

LINDENAU Safety Tanker Class 2010

LINDENAU GMBH
SCHIFFSWERFT & MASCHINENFABRIK

... the future in shipbuilding

MT "SEYCHELLES PIONEER"
Lindenau Newbuilding S 258
Double Hull Product Tanker for Chemicals IMO Type 2,
Oil and Oil Products
43.271 m³ / 37.500 dwt

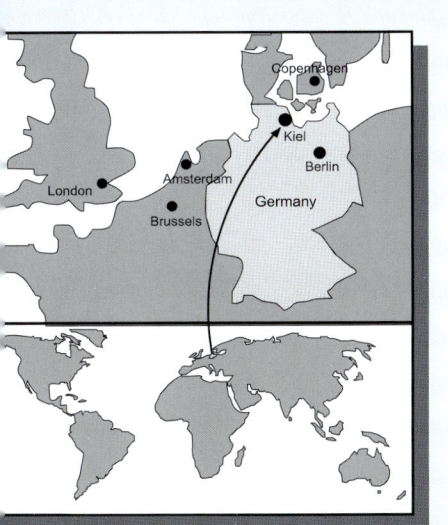

LINDENAU is one of the most modern and productive medium-sized shipyards in Germany and ideally located in Kiel, close to the Kiel Canal.

LINDENAU, foundet in 1919, is a long established shipyard with over 85 years of experience.

LINDENAU is the right partner to develop, design and construct any kind of ships, in close co-operation with our clients and in shortest possible time.

LINDENAU is your specialist:

- Designer and builder of all types of ship-newbuildings up to 50.000 dwt
- Conversions and Lengthenings
- Repair and Classification Work
- Diversification and New Technologies
- Consulting and Engineering

Mail	PO Box 9093 D-24157 Kiel, Germany
Phone	+ 49 431 39 93 -0
Fax	+ 49 431 39 93 62
e-mail	info@lindenau-shipyard.de
internet	www.lindenau-shipyard.de

Marine . Zentraler Sanitätsdienst . Streitkräftebasis . Heer

Bundeswehr
Karriere mit Zukunft.

**Entschieden gut.
Gut entschieden:
Ihre Karriere in der Marine**

www.bundeswehr-karriere.de

LEINEN los!

„LEINEN LOS!" KENNEN LERNEN!

„Leinen los!" berichtet rund um den Deutschen Marinebund, die Deutsche Marine, maritime Themen in Deutschland und weltweit. „Leinen los!" informiert über die Sparten im Deutschen Marinebund, wie den Marine-Regatta-Verein, das Sozialwerk und die Jugend im DMB.

Die Zeitschrift erscheint sechsmal jährlich. Sie möchten die "Leinen Los!" abbonieren sind aber am Vereinsleben in einer Kameradschaft nicht interessiert? Werden Sie doch direkt im Dachverband Mitglied. Sie erhalten dann zu den Erscheinungsterminen ihr persönliches Exemplar.

Wenn sie mehr wissen möchten oder ein Heft zum Schnuppern möchten, klicken Sie doch einfach www.deutscher-marinebund.de an.